基因组
脸谱

国际基因组学界
其人其事
FACES OF THE GENOME

〔美〕卢德米拉·波洛克
〔美〕理查德·麦康比
〔美〕简·维特科夫斯基
编著

〔澳〕刘易斯·米勒
素描

杨焕明
编译

科学出版社
北京

图字：01-2020-4017

Originally published in English as Faces of the Genome
Portraits by Lewis Miller
Edited by Ludmila Pollock, W. Richard McCombie, and Jan A. Witkowski
Text © 2018 by Cold Spring Harbor Laboratory Press, Cold Spring Harbor, New York, USA
Illustrations © 2003–2017 by Lewis Miller

© [2020] Science Press. Printed in China.
Authorized Simplified Chinese translation of the English edition © 2018 Cold Spring Harbor Laboratory Press. This translation is published and sold by permission of Cold Spring Harbor Laboratory Press, the owner of all rights and/or legal authority to license, publish and sell the same.

图书在版编目（CIP）数据

基因组脸谱：国际基因组学界其人其事 /（美）卢德米拉·波洛克 (Ludmila Pollock) 等编著；杨焕明编译 . —北京：科学出版社，2020.10
书名原文：Faces of the Genome
ISBN 978-7-03-065904-0

Ⅰ. ①基… Ⅱ. ①卢… ②杨… Ⅲ. ①人类基因组计划 – 生物学家 – 生平事迹 – 世界 Ⅳ. ① K816.15

中国版本图书馆 CIP 数据核字 (2020) 第 172828 号

责任编辑：李 敏 / 责任校对：何艳萍
责任印制：赵 博 / 封面设计：林海波

科学出版社 出版
北京东黄城根北街 16 号
邮政编码：100717
http://www.sciencep.com

天津市新科印刷有限公司印刷
科学出版社发行 各地新华书店经销
*

2020 年 10 月第 一 版 开本：710×1000 1/16
2024 年 11 月第二次印刷 印张：17
字数：200 000
定价：88.00 元
（如有印装质量问题，我社负责调换）

谨 献

詹姆斯·沃森和詹姆斯·温加登

你们所倡导的人类基因组计划
惠及
全人类的今天和明天

人类基因组计划
部分书中人物合影
（1999年）

国际人类基因组单体型图计划
部分书中人物合影（2003年）

国际千人基因组计划
部分书中人物合影
（2008年）

国际癌症基因组计划
部分书中人物合影
（2019年）

鸣 谢

所有支持、参与人类基因组计划中国卷的
科研工作者、生命伦理工作者、行政管理人员、各界人士
及参与者的家人和朋友

谨以此书深切怀念

约翰·萨尔斯顿、悉尼·布伦纳、戴维·考克斯、让尼娜·高凯恩·伊利格、布鲁塞·罗、弗雷德里克·桑格6位良师益友

中文版序一

回首往事，我们仍沉醉于 DNA 测序问世的惊喜。

在 20 世纪 70 年代初，艾伦·马克萨姆和我花费两年的时间才分析了一个 20 个碱基长的、一小段基因控制区域的 DNA 序列，速率几乎是一个月的时间才一个碱基。1976 年，DNA 测序方法的发明（马克萨姆和我发明的化学测序法、弗雷德里克·桑格和艾伦·库森发明的酶法）使 DNA 测序可以实现一个下午的时间得到数百个碱基的序列。在此期间，我的一位博士生完成了一个细菌基因 1500 碱基对的解序，并以此作为他的博士论文；另一位博士生则完成了一个长 4500 碱基对的质粒的解序工作。

到 1985 年，全球完成了 800 万碱基对的测序工作，DNA 测序以每 10 年 100 倍的速率增长，（自动化）测序仪诞生于这一时期。正是这些进展，使我们在那时便坚信人类基因组（约 30 亿碱基对）测序能够完成。尽管如此，大规模的工业化测序平台花了 10 年的时间才趋于成熟。

然而，测序技术前进的步伐从未停止，最新一代的测序速率只要短短半个小时即可完成一个人类全基因组的测序。这些进展使得中国脱颖而出，拥有了全球最大的 DNA 测序中心。

也许在不远的将来，你在药店花几百美元就可以得到自己的基因组序列数据。

随着这本书中译本的出版，我相信很多中国读者将有幸认识这些科学家，正是他们的不懈努力才使第一个人类基因组约 30 亿碱基对序列的解读得以完成。

1980 年诺贝尔化学奖获得者
沃尔特·吉尔伯特
2019 年 5 月 7 日

中文版序二

纵观人类历史，人类基因组计划（HGP）对未来的影响之巨大、意义之深远，尚无出其右。《基因组脸谱：国际基因组学界其人其事》是唯一一本收录了在这一堪称生命科学史"第二次革命"中贡献斐然的 62 位杰出科学家和领军人物的书。书中人物小传出自因人类基因组计划而结缘的科学家彼此之间的回忆和描述。融合在一起，他们恰恰"复原"了人类基因组计划的历史全貌。

在 1985 年人类基因组计划讨论之时，能够支撑这一工作的技术尚未问世。在随后 16 年（1985 年至 2001 年）的完成过程中，全球数千位科学家所付出的辛劳可想而知。人类基因组计划揭示了人类 24 条染色体 30 亿碱基对的 DNA 序列图谱，这些序列承载了构建人类个体和运行机体内万亿细胞的全部信息。精准解析这些信息将是 21 世纪最大的挑战之一。

我希望中国的读者也能和我们一样喜欢这本书。

1978 年诺贝尔生理学或医学奖获得者

汉密尔顿·史密斯

2019 年 5 月 10 日

中文版序三

我们非常高兴地看到 Faces of the Genome 中译本《基因组脸谱：国际基因组学界其人其事》的问世。

人类基因组计划的确是一项艰巨的任务，尽管它是由美国最先发起的，但如果没有其他贡献国的参与和全球科学界的支持，它将永远无法完成。中国一直是而且未来也还将是这一伟大计划的重要贡献者。

杨焕明博士是人类基因组计划中国卷的协调人，早在许多年前的美国纽约冷泉港实验室（CSHL）的基因组生物学年会上，我们就认识了，他是全球一流的基因组学研究机构华大基因的联合创始人，一直以来我们保持着紧密合作。现在由他来组织编译这本书再合适不过了。

我们非常感谢他和他的同事能将这本记述人类基因组计划主要贡献者事迹和"脸谱"的书第一次带给中国的科学家和大众。

卢德米拉·波洛克
理查德·麦康比
简·维特科夫斯基
2019 年 5 月 26 日

中文编译者的话

历史是人创造的。新闻因人物而有声有色，历史因人物而有血有肉。

人类基因组计划是数千位科学家齐心努力、通力拼搏而得以启动、胜利完成的。从1990年揭开序幕至2003年落下帷幕，所有的历史环节都是人类基因组计划国际协作组这一科学团体和基因组学相关领域无数人物创造的。

英文原版书的设计和编撰别具匠心。编著者首先以各种方式，几轮邀请人类基因组计划的参与者和支持者、知情者和报道者来推荐、评选人类基因组计划的主要贡献者，再广泛征集为入选的62位主要贡献者撰写简介的作者。

这本书介绍的62位人物中，除了包括对人类基因组计划做出直接贡献的科学家，还特别包括被推选的生命伦理学家、政界人士、社会活动家、企业（慈善）家。而在这些科学家中，有人类基因组计划的6国16个主要中心的负责人，也有先前的人类基因组遗传（连锁）图和物理图的倡导者和构建者（特别是美国和法国的贡献者）。此外，还包括人类基因组计划的各国倡导者和先驱（特别是美国能源部与美国国家卫生研究院），基因组测序技术的发明者、仪器的供应商和其他贡献者，以及曾为人类基因组计划做出贡献的早期技术[如辐射杂种细胞系、限制性片段长度多态性（RFLP）分型等]的发明者。

在人物的入选过程中，原版书的编著者试图全面、如实、公正地反映人类基因组计划的各种不同观点和流派，特别是包括公共支持的人类基因组计划与非政府项目中的所有贡献者。美中不足的是，有一些或许应该入选而未入选者，首先，也许是埃德温·萨瑟恩先生。他所发明的DNA印迹法

（Southern blotting），以及在此基础上发展的 RNA 印迹法（Northern blotting）、蛋白质印迹法（Western blotting）等印迹技术，举世闻名。这些技术不仅是应用最为广泛的分子生物学的第一代喜闻乐用的技术，而且对人类基因组计划更为直接的序列图（克隆选择、序列组装等）和遗传连锁图（第一代的限制性片段长度多态性图、短串联重复序列的筛选），特别是物理图也做出了全面的贡献。其次，也许被誉为人类基因组计划第一篇"标书"的作者雷纳托·杜尔贝科也应入列。此外，也许还应包括为测序技术的建立做出贡献的华裔科学家吴瑞、洪国藩和林重庆等。

原版书 34 位撰稿人所写的 62 篇人物小传（其中梅纳德·奥尔森执笔的有 6 篇），长短不同，风格各异，从中不难看出撰稿人与所写人物的关系、交往与情谊。每一位人物在他们的笔下，活灵活现、形备神达、栩栩如生。我们不仅看到文中人，更看到透过文风与情感表达背后的撰写者。当然，他们中的多数在书中都拥有"入选人物"和"撰稿人"的双重身份。

原版书的入选人物中，来自北美洲的有 46 位（美国）、欧洲（英国、法国、德国）的有 13 位、亚洲的有 3 位（中国、日本）；男性 55 位，女性 7 位；其中多数人现在已年逾古稀，且已有 6 位辞世；只有当年的新星尤安·伯尼是 "70 后"。

原版书的编著者还别出心裁，邀请基因组学界同仁熟悉的画家刘易斯·米勒为所有入选人物创作了铅笔素描像，这也是《基因组脸谱》（Faces of the Genome）主书名的由来，更是我们将 "faces" 直译为 "脸谱" 的直接原因。素描像中多数是真人写生，也确有一些是根据照片再创造的。我们还特地选择了与素描像较为接近的实照，以让读者在欣赏画家的传神之笔时，也看到这些人物的 "真容"。

为帮助中文版的读者更好地认识、了解书中的人物，我为每一位人物还撰写了一段小短文，并以 "×××的二三事" 为题，描述令我印象深刻的一些趣事。书写的风格也与正文相似，有长有短、轻松活泼。当然这只是从编译者角度来描述书中的人物。此外，我还根据小传内容为每位人物遴选了一两篇代表性论文，以帮助读者更好地了解他们的突出贡献。

在庆祝中国参与人类基因组计划 20 周年之际，我们编译出版这本书，首先是对人类基因组计划的所有直接、间接参与者和贡献者的怀念与感谢，特别是对所有支持、鼓励中国参与这一历史事件的老朋友的不尽感激；其次是作为华大基因"人类基因组计划历史档案"项目的一部分。

再次向为我们中译本作序的两位老朋友 —— 诺贝尔奖获得者沃尔特·吉尔伯特和汉密尔顿·史密斯及英文版编著者，以及为本书的翻译、校对、文字录入做出特别贡献的夏志、王晓玲、冯小黎、田娟和杨静静等同事表示衷心的感谢。

书中难免有汉译不当和疏忽之处，敬请读者批评指正。

2020 年 3 月 30 日

画 家 简 介

  本书的人物素描均由澳大利亚艺术家刘易斯·米勒创作。刘易斯 1959 年出生于墨尔本，就读于维多利亚艺术学院，学习绘画。他的诸多作品被澳大利亚国家美术馆、维多利亚国家美术馆等多家机构以及许多私人收藏家收藏。他遍游全球，于 2003 年成为澳大利亚在伊拉克的官方战地艺术家。他是冷泉港实验室 1998 年和 2000 年的常驻艺术家，他创作的詹姆斯·沃森的素描一直高挂在冷泉港格雷斯会议厅的墙面上。作为素描画家，1998 年他被授予"阿奇博尔德奖"，这是澳大利亚肖像画家最高荣誉奖。

  本书所引用的画作原件，均可在冷泉港实验室档案室查阅欣赏。

英文版前言

科学发现需要先行者。

这本书以铅笔的素描和优美的文字，颂扬了一群在科学界拥有独特影响力的先行者。他们是基因组学的探索者，而基因组学是包括人类在内所有生命体的生物学基础。他们的发现不仅改变了医学和农业，也改变了所有生物医学科学家的思维和研究方式。

30多年来，本书的出版者——冷泉港实验室一直是基因组科学的摇篮。冷泉港实验室在1986年首次举办以"人类的分子生物学"为题的年会，保罗·伯格写信给组织者詹姆斯·沃森称：他再也想不出比这更好的主意，能让人类基因组测序争论的双方都尽抒己见。由此，启动了一年一度、持续至今的基因定位和基因组测序会议（后改名为"基因组的生物学"年会），这使冷泉港实验室成为基因组学界最重要的集聚地。在第一次会议上，著名的澳大利亚艺术家刘易斯·米勒开始为本书中几乎所有人物绘制素描。

刘易斯在维多利亚艺术学院学习绘画，并在1986年首次举办了个人画展。1998年，他获得澳大利亚最高艺术奖"阿奇博尔德奖"。他第一次跟冷泉港实验室建立联系，是在一次詹姆斯和他的夫人利兹·沃森访问澳大利亚的聚会上，他接受詹姆斯的邀请，成为冷泉港实验室的常驻艺术家，并出席了1998年的"转录机制"研讨会，他在会议期间给许多演讲者画了素描，如今一些精选的作品就挂在冷泉港的布拉德福德大厅里。他在2000年再到冷泉港并绘制了詹姆斯的肖像，这幅画以俯视每一位演讲者的角度挂在格雷斯会议厅的墙面上。本书所选用的大部分肖像画来源于2003年那6天紧张而热烈的人类基因组学研讨会（当时会议名称，编译者注）中的素描。

本书的编辑一致认为，为了给这些铅笔素描锦上添花，强调每一位科学家在基因组科学领域已经做出的以及在很多方面还将持续做出的贡献非常重要。因此，我们分别委托不同的科学家为入选人物撰写短文，以此来记述这些科学家卓越的成就和鲜明的个性。这些带有轶事和观点的文字更像是回忆录，而不是学术性的论述。读者也会发现，我们充分尊重了撰稿人的原意，并没有刻意去修订可能相左之处。

2001年发表的人类基因组计划第一份草图，是一项伟大的成就。从那时开始，硬件和软件的发展使得测序技术如此便捷，简直令人难以置信。个人基因组序列正在疾病诊断和治疗中发挥着越来越重要的作用。这些先行者的成功，使我们这些当时的人类生物学学生，大多成了现在的基因组学家。

在詹姆斯·沃森的主张下，这本书将刘易斯所绘素描和传记短文相结合，和谐衬托，相得益彰。这也再次展现了詹姆斯与众不同的品位。

卢德米拉·波洛克
理查德·麦康比
简·维特科夫斯基

目 录

中文版序一·· i
中文版序二·· ii
中文版序三·· iii
中文编译者的话·· iv
画家简介·· vii
英文版前言··· viii

马克·亚当斯 / 汉密尔顿·史密斯　撰文······················· 3
迈克尔·阿什伯纳 / 杰拉尔德·鲁宾　撰文····················· 7
伯纳德·巴拉托 / 丹尼尔·科恩　撰文·························· 11
戴维·本特利 / 埃里克·格林　撰文····························· 15
尤安·伯尼 / 詹姆斯·沃森　撰文································ 19
赫尔穆特·布洛克尔 / 理查德·威尔逊　撰文·················· 23
戴维·博特斯坦 / 埃里克·兰德　撰文··························· 27
悉尼·布伦纳 / 杰拉尔德·鲁宾　撰文··························· 31
托马斯·卡斯基 / 理查德·吉布斯　撰文························· 35
阿拉温达·查克拉瓦蒂 / 埃文·艾希勒　撰文··················· 39
陈奕雄 / 理查德·麦康比　撰文··································· 43
丹尼尔·科恩 / 梅纳德·奥尔森　撰文··························· 47
弗朗西斯·科林斯 / 埃里克·兰德　撰文························· 51
艾伦·库森 / 约翰·萨尔斯顿　撰文······························ 55

戴维·考克斯 / 理查德·迈尔斯　撰文 …………………………………… 59

查尔斯·德利西 / 戴维·李普曼　撰文 …………………………………… 63

理查德·德宾 / 简·罗杰斯　撰文 ………………………………………… 67

埃文·艾希勒 / 阿拉温达·查克拉瓦蒂　撰文 …………………………… 71

克莱尔·弗雷泽 / 理查德·麦康比　撰文 ………………………………… 75

理查德·吉布斯 / 梅纳德·奥尔森　撰文 ………………………………… 79

沃尔特·吉尔伯特 / 詹姆斯·沃森　撰文 ………………………………… 83

埃里克·格林 / 梅纳德·奥尔森　撰文 …………………………………… 87

菲利普·格林 / 梅纳德·奥尔森　撰文 …………………………………… 91

马克·盖耶 / 弗朗西斯·科林斯　撰文 …………………………………… 95

戴维·豪斯勒 / 理查德·吉布斯　撰文 …………………………………… 99

谢里尔·海纳 / 迈克尔·亨克皮勒　撰文 ………………………………… 103

拉蒂娜·希利尔 / 罗伯特·沃特斯顿　撰文 ……………………………… 107

勒罗伊·胡德 / 理查德·威尔逊　撰文 …………………………………… 111

迈克尔·亨克皮勒 / 伊莱恩·马尔迪斯　撰文 …………………………… 115

让尼娜·高凯恩·伊利格 / 克莱尔·弗雷泽　撰文 ……………………… 119

埃尔克·乔丹 / 戴维·博特斯坦　撰文 …………………………………… 123

威廉·詹姆斯·肯特 / 戴维·豪斯勒　撰文 ……………………………… 127

埃里克·兰德 / 戴维·博特斯坦　撰文 …………………………………… 131

戴维·李普曼 / 菲利普·格林　撰文 ……………………………………… 135

伊莱恩·马尔迪斯 / 布鲁塞·罗　撰文 …………………………………… 139

马尔科·马拉 / 拉蒂娜·希利尔　撰文 …………………………………… 143

理查德·麦康比 / 理查德·威尔逊　撰文 ………………………………… 147

约翰·麦克弗森 / 弗朗西斯·科林斯　撰文 ……………………………… 151

迈克尔·摩根 / 简·维特科夫斯基　撰文 ………………………………… 155

尤金·迈尔斯 / 克雷格·文特尔　撰文 …………………………………… 159

理查德·迈尔斯 / 梅纳德·奥尔森　撰文 ………………………………… 163

梅纳德·奥尔森 / 埃里克·格林　撰文	167
戴维·佩奇 / 简·维特科夫斯基　撰文	171
阿里斯蒂斯·帕特里诺斯 / 查尔斯·德利西　撰文	175
布鲁塞·罗 / 伊莱恩·马尔迪斯　撰文	179
简·罗杰斯 / 艾伦·库森　撰文	183
爱德华·鲁宾 / 马克·亚当斯　撰文	187
杰拉尔德·鲁宾 / 马克·亚当斯　撰文	191
坂木良之 / 迈克尔·摩根　撰文	195
弗雷德里克·桑格 / 悉尼·布伦纳　撰文	199
汉密尔顿·史密斯 / 马克·亚当斯　撰文	203
林肯·斯坦 / 约翰·麦克弗森　撰文	207
约翰·萨尔斯顿 / 罗伯特·沃特斯顿　撰文	211
克雷格·文特尔 / 汉密尔顿·史密斯　撰文	215
迈克尔·沃特曼 / 查尔斯·德利西　撰文	219
罗伯特·沃特斯顿 / 约翰·萨尔斯顿　撰文	223
詹姆斯·沃森 / 梅纳德·奥尔森　撰文	227
让·魏森巴赫 / 戴维·博特斯坦　撰文	231
南希·韦克斯勒 / 弗朗西斯·科林斯　撰文	235
理查德·威尔逊 / 伊莱恩·马尔迪斯　撰文	239
詹姆斯·温加登 / 詹姆斯·沃森　撰文	243
杨焕明 / 迈克尔·摩根　撰文	247
缩写表	249
英文版致谢	253
中文版致谢	254

马克·亚当斯

马克·亚当斯（Mark Adams）的二三事

马克名列全书首位，当然不只是沾了他英文姓氏首字母 A 的光，更是由于他对大规模测序技术的特殊贡献，这一点众所周知。

我没有与马克交谈过，但读过很多他作为第一作者的论文。应该说，他和汉密尔顿·史密斯对细菌全基因组鸟枪法技术的建立做出了最关键的实际贡献；也是最早提出并初步建立用于分析人的表达序列标签（EST）方法和全基因组的高通量测序平台的人；作为克雷格·文特尔的博士后，他有几进几出塞莱拉公司的经历和很多故事与传说。对他所有贡献的充分肯定，也反映了原版书编著者忠于历史、忠于事实的公正态度。

代表论文

Adams M D, et al. 1991. Complementary DNA sequencing: Expressed sequence tags and human genome project. *Science*, 252 (5013) : 1651-1656.

Adams M D, et al. 1992. Sequence identification of 2375 human brain genes. *Nature*, 355 (6361) : 632-634.

马克·亚当斯

马克·亚当斯于 1984 年获北卡罗来纳州斯旺纳诺阿沃伦威尔逊学院的化学学士学位，于 1990 年在安阿伯的密歇根大学获生物化学博士学位，之后在美国国家卫生研究院（NIH）的克雷格·文特尔处做博士后研究。当时文特尔刚开始建立应用表达序列标签方法以加快发现人类基因的一套策略，马克在此过程中的贡献使得他成为 1991 年《科学》杂志报道有关表达序列标签方法那篇出色论文的第一作者。1992 年，马克加入了文特尔新组建的基因组研究所（TIGR）。在那里他主导了规模化表达序列标签测序，发现了数千个新的人类基因，在《自然》杂志上作为特刊发表。1994 年到 1995 年，马克参与了第一个完整的细菌——流感嗜血杆菌（*Haemophilus influenzae*）基因组测序，并担任测序平台的主任，随后又参与了很多微生物基因组项目。

在基因组研究所时，马克是最早获得美国国家人类基因组研究所（NHGRI）人类基因组研究资助的人之一，用细菌人工染色体（BAC）克隆技术对人类 16 号染色体进行测序。1998 年，马克随同文特尔拜访应用生物系统公司（ABI）的迈克尔·亨克皮勒，看到新型自动化毛细管 DNA 测序仪之后，事情发生了根本性的变化。参观之后不久，塞莱拉公司成立并安装了 300 台崭新的毛细管测序仪，计划用经细菌基因组验证行之有效的全基因组鸟枪法来分析人类全基因组的序列。马克是文特尔从基因组研究所为数不多的科学家中第一个挑选出来的人，他帮助塞莱拉公司攻克如何实现从细菌基因组到人类基因组的测序，即基因组放大 1000 倍所带来的难题。塞莱拉公司安装的第一台测序仪完全不能正常工作,马克作为测序平台的负责人,和应用生物系统公司的工程师一起调试机器、排除故障。他还负责解决了数千个测序克隆的自动挑选问题,同时开发了大量制备 DNA 克隆的化学法。他在果蝇、人以及小鼠基因组的成功测序中都发挥了重要的作用。

  2003 年,马克离开塞莱拉公司,成为凯斯西储大学遗传学副教授。在那里,他研究医院内环境中出现的病原体抗生素耐药性的演化机制,兼任基因组学平台主任。2011 年,马克到了圣地亚哥,成了文特尔研究所的科研主任兼教授,继续从事医院获得性感染细菌抗生素耐药性演化的基因组变异研究。2016 年 12 月,马克成为坐落于康涅狄格州法明顿镇的杰克逊基因组医学实验室微生物基因组学部门的教授和主任。

汉密尔顿·史密斯 撰文

迈克尔·阿什伯纳

迈克尔·阿什伯纳 (Michael Ashburner) 的二三事

尽管我没有与迈克尔长谈过，但没少听说有关他平易近人和极具感染力的故事。他不仅是果蝇遗传学和基因组学的先驱之一，而且更重要的是，他促成了在美国国家卫生研究院资助的贝勒医学院人类基因组测序中心与塞莱拉公司"各自为王"的背景下，科研取向各不相同的团队共同参与的果蝇基因组测序计划。这在当时的历史条件下很不容易，确实只有独具"外交天才"能力的他堪当这一重任。他也是基因组学界有口皆碑的授课教授，桃李满天下。

代表论文

Ashburner M, et al. 1999. An exploration of the sequence of a 2.9-Mb region of the genome of *Drosophila melanogaster*: The *Adh* region. *Genetics*, 153 (1) : 179-219.

Ashburner M & Drysdale R. 1994. FlyBase-the *Drosophila* genetic database. *Development*, 120 (7) : 2077-2079.

迈克尔·阿什伯纳

我第一次见到迈克尔·阿什伯纳是在 1971 年。我那时还是英国剑桥医学研究理事会（MRC）分子生物学实验室（LMB）的一年级研究生，而他已是遗传学系的一位讲师。他所在的系里居然没有蒸馏水，需要到我们实验室求助，我们因此熟悉起来。20 世纪 60 年代末，DNA 克隆和测序技术还未问世，也没有人从事组蛋白动态修饰方面的研究。迈克尔在果蝇多线染色体疏松上的开创性工作，为当时染色质结构随基因激活而变化的现象提供了新的见解。迈克尔涉足基因组学领域始于 20 世纪 70 年代，一干就是 20 年。他选取了已知含乙醇脱氢酶（Adh）基因的一大段染色体区段，对其中每一个基因中的突变进行定位和分离，试图阐明其基因组结构。对于这一近 300 万碱基对区段的遗传结构的全面研究，使他想到了测序，就这样促成了果蝇中第一个百万碱基对级别的 DNA 片段的解序，并使迈克尔和他的同事能够在后生动物中，以前所未有的规模将基因组序列与突变结合起来分析。这为 DNA 元件百科全书（ENCODE）计划提供了极为重要的信息和参考依据。

迈克尔是欧洲果蝇 X 染色体测序计划的领军人物，他充分发挥了外交才能，促成了塞莱拉公司与美国国家卫生研究院资助项目研究者的合作。1999 年底，序列质量高且注释详尽的果蝇基因组测序完成，迈克尔在基因组注释工作中同样发挥了至关重要的作用。迈克尔在冷泉港实验室出版社出版的一本自传 *Won for All*（《为人类而赢》）中，以其独特的风格讲述了果蝇基因组测序的故事。在这里我也向大家郑重推荐此书。

几十年来，迈克尔一直是果蝇遗传学和生物学界无可争议的"首席学者",在有关果蝇研究的会议上总能看到他,他总是那么平易近人。他乐于分享他的见解,乐此不疲地回答大家的提问。他撰写了很多专刊和书籍,促成了FlyBase基因组数据库的建立。他还在冷泉港开设了果蝇遗传学的高级课程,隔年一期,整整坚持了30年。像我一样,刚刚涉足这一领域的很多分子生物学同仁,总是提出五花八门的问题。我很荣幸能在早期的两次课程中与迈克尔一起执教,不过更适合教学的斯科特·霍利很快接替了我。迈克尔对课程和学生都尽心尽力。据斯科特回忆,有一次迈克尔在剑桥时不明原因地发高烧,却不听医生劝阻擅自出院,乘飞机横跨大西洋,只是为了不影响给学生上课。

杰拉尔德·鲁宾　撰文

伯纳德·巴拉托

伯纳德·巴拉托（Bernard Barataud）的二三事

伯纳德能入选原版书中，再一次证明编著者的全面考虑：许多其他方面的人才，特别是像伯纳德这样影响力很大的社会活动家，同样对人类基因组计划得以启动并赢得人心起了至关重要的作用。

我虽没有见过伯纳德本人，但早在1993年就参观过位于法国巴黎近郊的人类多态性研究中心（CEPH），为那里的现代化和规模化而折服，一直记忆犹新的是当时按他的建议在《反对基因专利的支持书》上签下了自己的名字。

Généthon模式在其他国家并未取得成功，但基因组研究项目这种与民生直接相关并渴望得到民间支持的尝试，启发了很多国家的基因组研究者。

遗憾的是，我们几经检索，仍未找到他署名第一作者的任何论文。书中对他的介绍，可以说就是为他和像他这样的无名英雄树碑立传。

伯纳德·巴拉托

伯纳德·巴拉托生于 1943 年，在 1982 年至 2008 年曾先后担任法国肌营养不良协会（AFM）和 Généthon 主席。他早年丧子，他的爱子阿兰于 1986 年因患进行性假肥大性肌营养不良（DMD）而离世，为此他仿效美国演员杰里·刘易斯主办了法国电视募捐活动，为进行性假肥大性肌营养不良患者筹集善款。伯纳德曾是法国主要电力供应商的一个项目主管。虽然他没有学术背景，但他确实为人类基因组计划做出了重要贡献。他十分敏锐地认识到，破译人类基因组将加速致病基因的发现。在 20 世纪 80 年代后期，鉴定进行性假肥大性肌营养不良致病基因要花费十多年的时间，这对于那些高度关注罕见病预后的人来说，实在太慢了。

当人类基因组计划启动时，基因组学刚刚起步，规模很小。伯纳德四处寻找加速推动该计划的方法。当他遇到人类多态性研究中心团队时，他意识到这是可能的。那时，人类多态性研究中心团队已经开始尝试基因定位的新方法，但由于资金严重缺乏而举步维艰。当时的生物学研究，自动化或工业化的概念尚未形成气候，不可能获得国家公共研究部门的足够支持，更不是学术界的主流思想，大多数科学家尚持怀疑态度，并贬之为"巨人症"。伯纳德绕过了这种"保守主义"，将全部的精力投入到说服其他的专家委员会委员，以促使他们接受这种转变。

1990 年，他希望创建首个大型的基因组学大数据机构，并命名为 Généthon。Généthon 用于基因定位的筹款（主要通过 Telethon 电视募捐筹集）突破了 2000 多万美元，这在当时是一笔巨款。因为这笔钱来自私人捐赠，所以电视募捐活动的未来存在风险。显然，Généthon获得了成功，并鼓舞了全世界所有的基因组中心。自那时起，电视募捐筹集了近20亿美元，主要用于基因治疗和干细胞疗法研究。此外，筹集的善款用于罕用药（治疗罕见病）的研究也遥遥领先。

很难准确地描述伯纳德·巴拉托其人：独特而又平凡，坚毅而又不失幽默，是性情中人而又倔强，注重享受而又朴素如常，期待满满而又常常凭他自己的直觉，性子虽急却务实。他非凡的人格魅力在其人生奋斗历程中至关重要。

丹尼尔·科恩　撰文

戴维·本特利

戴维·本特利（David Bentley）的二三事

戴维与我是老朋友了。我们是1999年在位于英国赫克斯顿的桑格研究所的第五次国际人类基因组测序战略会议上认识的。戴维是最早支持中国参与人类基因组计划的老朋友之一，后来我们又在国际人类基因组单体型图计划（HapMap）等合作中相互支持，友谊一直延续至今。他对基因组研究最重要的贡献是使大规模平行高通量测序技术的设想成为现实，他对这一技术的关键步骤——双脱氧核苷酸的"可逆性终止"做出的贡献有目共睹，并针对降低测序成本提出很多行之有效的技术方法。戴维也是国际基因组学界频频出面的"明星"人物之一。

代表论文

Ross M T, ... , Bentley D R, et al. 2005. The DNA sequence of the human X chromosome. *Nature*, 434 (7031) : 325-337.

Bentley D R, et al. 2008. Accurate whole human genome sequencing using reversible terminator chemistry. *Nature*, 456 (7218) : 53-59.

戴维·本特利

无论是在新兴的基因组学领域还是人类基因组计划本身，最为难得而同时也是最重要的一点，便是多学科交叉人才的聚集和交流。从设计的许多方面上讲，这艘"诺亚方舟"上的每个人都受益于互补的专业领域知识和良性的、多元化的战略思想。戴维·本特利加入这个举着人类遗传学旗帜的先遣队，多年以来一直致力于推动基因组学、人类遗传学和基因组医学的发展，并做出了诸多重要贡献。

戴维从小就对生物学感兴趣，后在剑桥大学基督学院（硕士，1979年）和牛津大学（博士，1982年）深造。在英国伦敦盖耶医院从事的X连锁遗传病研究，使他的人生大放异彩，自此便与人类遗传学结缘。20世纪80年代中期，关于绘制人类全基因组序列图可能性的早期讨论，引起了戴维的浓厚兴趣，他立刻意识到这一工作对于在分子遗传学水平上研究人类疾病具有革命性价值。

1985年是戴维学术生涯中十分关键的时期。这一年，戴维和约翰·萨尔斯顿在一次非正式的生物俱乐部聚会上相遇。几年之后，约翰打电话给戴维，邀请他作为桑格研究所的创始人——这实在令人无法拒绝。之后长达12年的时间里，他的领导才能和重要价值为桑格研究所在人类基因组计划中取得巨大成功发挥了关键性的作用。在人类基因组计划中，戴维专注于完成人类22号染色体的绘图与解序工作，之后不久转向完成其他染色体，尤其是X染色体的绘图与解序工作。除此之外，戴维在协调多国合作的人类基因组绘图和解序中发挥了重大作用。他出色的领导才能更体现在后续的国际单核苷酸多态性（SNP）协作组和国际人类基因组单体型图计划之中。

在兴趣的驱动下，又有专业知识傍身，戴维很早便成为剑桥初创公司索莱萨的顾问。索莱萨公司致力于开发新的DNA测序技术，后被因美纳公司并购。2005年，戴维成为因美纳公司的首席科学家，负责将DNA测序技术和基因组大数据应用于医疗健康领域。戴维借助学术功底和成功经验，将科学和转化有效联系起来。

戴维是一个值得依赖的人，善于交际、善良、谦逊、公正、无私、诚实守信，这是他领导桑格研究所、因美纳公司以及在人类基因组计划中做出许多卓越贡献的"秘诀"所在。

埃里克·格林　撰文

尤安·伯尼

尤安·伯尼（Ewan Birney）的二三事

要说这个世界上有"神童"的话，尤安当列其中，至少是我遇到过的其中一位。我的老朋友阿德里安·克赖纳，正是尤安在冷泉港实验室的指导老师，迄今对尤安仍赞赏有加。而尤安的博士生导师理查德·德宾也是我的老朋友，也为他感到非常骄傲。詹姆斯·沃森先生曾多次夸奖他，这篇人物小传正是詹姆斯先生为他所写。他们俩既有师生之情，又是"忘年之交"。在人类基因组计划协作组，他是最年轻的"70后"（生于1972年）。到2003年，尤安已被大家推选为DNA元件百科全书计划的负责人，他也确实不负众望。尽管才华横溢，但他身上没有那股英国绅士的孤傲。他的精辟见地，常常使我叹服。从尤安身上，我们更有理由对科学的未来充满信心。

代表论文

Birney E. 2012. The making of ENCODE: Lessons for big-data projects. *Nature*, 489 (7414) : 49-51.

Birney E & Soranzo N. 2015. Human genomics: The end of the start for population sequencing. *Nature*, 526 (7571) : 52-53.

尤安·伯尼

1990年，我在冷泉港实验室为来自英国伊顿学院的高中生开设了为期一年的培训班，可以让他们在高中毕业后进入大学前这段时间里亲身体验实验室的工作。他们寄住在我家的一间客房，与我一起生活。这个项目非常成功！尤为成功的是，随后的一年（1991年），当时19岁的尤安·伯尼到阿德里安·克赖纳的实验室开始实习。在那里，他分析了剪接因子2与RNA结合的序列偏好。1993年，尤安在牛津大学读本科时，作为一项本科生研究课题的参与者，又回到阿德里安的实验室，继续研究剪接因子。他与来自新英格兰生物实验室公司里奇·罗伯茨实验室的桑贾伊·库马尔一起，对蛋白剪接因子和相关RNA结合蛋白中的保守序列进行了详尽的序列分析。这项研究后来发表在《核酸研究》杂志上，至2018年已被引用了554次。作为一位科学家发表的处女作，这是很了不起的！

1996年毕业之后，尤安到桑格研究所做理查德·德宾的博士生。2000年获博士学位后，尤安到桑格研究所对面几十米的欧洲分子生物学实验室（EMBL）下属的欧洲生物信息学研究所（EBI）工作。2015年，他和罗尔夫·阿普魏勒一起担任主任。

尤安在人类基因组计划和生物信息学等很多方面做出了非凡的贡献。在欧洲生物信息学研究所时，适逢人类基因组计划产生海量数据之时，他成为首个人类基因组序列组装浏览器（Ensembl）的设计者之一。他还是DNA元件百科全书计划的领头人，2012年发表了当时最为前沿的30篇论文，其"大约80%的人类基因组至少具有某些生化功能"的结论在当时引起了一些争议。此外，尤安也为生物信息学工具的开发做出了贡献，包括 GeneWise、Velvet 和 CRAM 等软件。

尤安在人类基因组计划中还有一个不容忽视的重要角色，尽管任何杂志中均未刊载。在 2000 年举办的冷泉港实验室基因组测序和生物学年会上，尤安建议设立一个名为"GeneSweep"的竞猜，竞猜那个只有到 2003 年完成人类基因组计划之时才能揭晓的人类蛋白质编码基因的数目。大家猜测的"基因数目"逐年增加，到了 2003 年，这一竞猜值，要么比 250 000 多，要么比 25 947 少。最终获胜者是李·罗恩，他猜测的 25 947 个基因最为接近（我们现在已知的基因数目大约是 20 000）。尤安猜的 48 601 差得不算太多。

詹姆斯·沃森　撰文

赫尔穆特·布洛克尔

赫尔穆特·布洛克尔（Helmut Blöcker）的二三事

人类基因组计划德国卷分别由3个中心承担，其中德国生物技术研究中心（GBF）对21号染色体的贡献尤为重大。看来这一篇人物小传的撰稿人要么惜墨如金（是60多篇中最为简练的），要么对赫尔穆特虽熟悉但交往并不多。赫尔穆特是人类基因组计划协作组会议和冷泉港基因组生物学年会的常客，我们屡屡会面。在我的记忆中，赫尔穆特并不那么活跃，他只喝啤酒，酒量也不是很大。他的德意志民族精神——严谨有加，给我留下了深刻印象。

代表论文

Hattori M, ... , Blöcker H, et al. 2000. The DNA sequence of human chromosome 21. *Nature*, 405 (6784) : 311-319.

Schneider S, ... , Blöcker H, et al. 2007. Complete genome sequence of the myxobacterium *Sorangium cellulosum*. *Nature Biotechnology*, 25 (11) : 1281-1289.

赫尔穆特·布洛克尔

　　赫尔穆特·布洛克尔是德国对人类基因组计划做出贡献的关键人物。他领导的位于布伦瑞克的德国生物技术研究中心是国际基因组测序中心"G20"团队（指人类基因组计划协作组中最大的20个中心）之一，对发表于2000年的人类21号染色体序列完成图做出了重大贡献。1966年至1972年，赫尔穆特在布伦瑞克工业大学攻读化学学士学位，之后他在汉堡大学获得化学和生物化学博士学位，随后作为博士后和助理研究员继续他的研究。1980年，他被任命为德国生物技术研究中心的DNA合成研究小组负责人，接着又担任其基因组分析部[后更名为亥姆霍兹传染病研究中心（HZI）]的主任。在整个人类基因组计划期间，赫尔穆特几乎是每届"G20"会议和基因组生物学年会的固定与会者。在德国对人类基因组计划贡献者中，他是少见的善于沟通的同事。许多人类基因组计划参与者都对当年与赫尔穆特举杯畅饮、讨论技术进展的情景津津乐道。赫尔穆特于2010年11月退休，至今仍是欧洲多个顾问委员会的成员。

理查德·威尔逊　撰文

戴维·博特斯坦

戴维·博特斯坦（David Botstein）的二三事

戴维好像是曾被提名为诺贝尔奖候选人的人物之一。他那篇关于以限制性片段长度多态性为遗传标记构建人类基因组遗传图（连锁图）的论文，是我在丹麦攻读博士学位时记忆最深的文章之一。戴维没有直接参与人类基因组计划的测序工作，将他选为书中的人物之一，充分说明编著者尊重历史，承继前人的态度。戴维的思想对人类基因组计划，特别是对以限制性片段长度多态性作标记的人类第一张全基因组遗传图（连锁图）的贡献，大家毫无争议。

埃里克·兰德的叙述和写实风格，可谓独具一格。

代表论文

Botstein D, et al. 1980. Construction of a genetic linkage map in man using restriction fragment length polymorphisms. *American Journal of Human Genetics*, 32 (3) : 314-331.

戴维·博特斯坦

戴维·博特斯坦的奇思妙想时常脱口而出，一语惊人。而这些看似随意的灵感有时足以改变世界。

1978 年，戴维出席犹他大学生物系的一个闭门讨论会。在那里，他听到一名演讲者感叹，说很难确定人类血色素沉积症究竟是隐性遗传还是显性遗传。戴维霎时间灵光一闪，说道："如有一个连锁的遗传标记，那就简单多了！"之前一年，戴维刚刚用酵母做了一个实验，他用一个多态的 DNA 位点作为标记来定位着丝粒的位置。他意识到，这一方法原则上也许同样适用于人类。

两年后的 1980 年，戴维发表了一篇具有里程碑意义的论文，建议利用人类家系来定位 DNA 多态性的位置，绘制一个完整详尽的人类基因组遗传连锁图，并作为一个通用工具，用于定位单基因孟德尔病致病基因。

第一次提出构建一个人类染色体的全基因组图谱，是人类基因组计划的源流之一。在这一方法的推动下，1983 年定位亨廷顿病（HD）的致病基因在 4 号染色体的短臂端部；1985 年定位囊性纤维化（CF）的相关致病基因在 7 号染色体上；迄今完成基因定位和分子克隆的孟德尔病超过 3000 种。全基因组图谱进一步催生了人类基因组计划，因为它让人们意识到人类基因组的解读将对医学产生革命性的影响，而基因组本身大小是有限的，这决定了解序是一项可以驾驭的任务。

戴维那想到就说而又往往一语中的的独特天赋的确不太讨人喜欢，因为他常常能引经据典来佐证自己并不那么成熟的想法。而欣赏戴维的人倒盼着能有机会亲眼看看他的大脑皮层中神经元是如何活动的。毕竟，他可是世界上最优秀的遗传学家之一。作为科学家，他洞察力超凡；作为普通人，他正直善良，两者相得益彰。

除遇到我的妻子之外，我一生中最好的运气便是 1985 年在麻省理工学院（MIT）参加生物学讨论周会时，经朋友介绍认识了戴维。有人告诉他，我精通数学，戴维就列出了他对定位多基因性状方面的一些想法，我们随即展开讨论。我们聊得热火朝天，以至于第二天我们又凑在一起继续讨论。不久之后，我丢下了手头的所有工作，转而研究人类遗传学，并在短短几年里，创建了世界领先的基因组中心之一。无法想象，如果我没有遇到戴维，我的一生又将会是什么样。

就这一点来说，我知道我不是唯一一个受他启发的人。戴维影响了很多科学家的人生，并成就了整个基因组学领域。

埃里克·兰德　撰文

悉尼·布伦纳

悉尼·布伦纳（Sydney Brenner）的二三事

正如埃里克·兰德介绍戴维·博特斯坦的短文中所写的，认识悉尼也是"我一生中最好的运气"。我称悉尼为良师益友，当然也是"忘年之交"。我与他的谈话加起来至少有100小时。当年他的身体健康状况还允许他乘坐飞机时，他来香港，几次来电话邀我与他对饮。后来他的身体健康状况不允许他乘坐飞机了，他就邀我去新加坡与他见面。我在新加坡时，我们每天至少见面两次，每次至少两个小时，海阔天空，无所不谈。有时是我俩，有时还有他的朋友及与我同去的华大基因年轻人。

我很歉疚，我曾不止一次让他失望，最遗憾的一次是没能解序他积极主张的七星鳗全基因组。那是在他刚到新加坡不久，而那时测序的成本也大得惊人；还有一次他应邀来深圳华大基因，我却未能尽地主之谊，他还给华大基因年轻人上了一课，坐在轮椅上侃侃而谈，一口气讲了两个多小时，换来了几十次热烈掌声。谢谢，悉尼！

还有，即使同是杰拉尔德·鲁宾所写的两篇短文，相比较来看，不仅文笔不同，似乎情调也大不一样。2019年4月5日10时许，我为父亲扫墓时接到了悉尼逝世的噩耗，悲痛不已，不仅仅是因为我们已约定不久后在新加坡举杯畅谈。我仿写了这一拙句："自此清明祭祖日，借烛万家悼先生。"

代表论文

Brenner S. 1974. The genetics of *Caenorhabditis elegans*. *Genetics*, 77 (1) : 71-94.

Aparicio S, ... , Brenner S, et al. 2002. Whole-genome shotgun assembly and analysis of the genome of *Fugu rubripes*. *Science*, 297 (5585) : 1301-1310.

悉尼·布伦纳

悉尼·布伦纳是分子生物学和分子遗传学史上祖师级的代表性人物。他在阐明遗传密码的本质以及证明 mRNA 的存在这两个研究领域，起着举足轻重的作用。悉尼本人总是独具慧眼，洞察未来。他在 1963 年给马克斯·佩鲁茨的那封众所周知的信件中写道："现在，科学界普遍意识到了，几乎所有分子生物学的'经典'问题，要么已经解决，要么将在未来 10 年内得以解决。美国和其他国家的生物化学家大量进入这个领域，所有与复制或者转录相关的化学过程必将得以阐明。正因为如此，我一直认为分子生物学的未来取决于向生物学其他领域的延伸，尤其是发育和神经系统方面。"为了实现这些目标，他建立了秀丽隐杆线虫（Caenorhabditis elegans）生物学研究的实验系统，最终确定了其神经系统错综复杂的回路图。

悉尼认为，研究线虫的行为之前需要搞清楚其神经回路图，研究它的遗传学同样需要搞清楚基因组序列。悉尼又提议将河鲀同秀丽隐杆线虫一样列为模式生物，就这样悉尼成为全球基因组学领域发展的主要推动者。

悉尼似乎从不睡觉，乐于传道授业，与别人分享他的突发奇想。在 20 世纪 70 年代初期，我作为一名研究生，常在深夜两点独自聆听他的教诲，从中获益良多。这比研究生课程更有趣、更具广度，他的学生很是感激那段待在剑桥的时光。他的故事，每个情节都十分有趣；他的主意，一点一滴都那么具有创意。哪怕是在近 40 年后的 2009 年到 2016 年，当他以高级研究员的身份每年在拉内利亚待着的那几个星期，他和我们这些学生在当地的一个酒吧里再度相聚时，我们仍激动不已。悉尼的睿智众所周知，不过有时也犀利得令人敬畏。这一点，在他为《现代生物学》月刊写了15年的专栏"Loose Ends"（未知结局）中表现得最为突出。1994年，在早期刊登的文章中，他这样评论了一位同事的文章："确确实实有点创意，地地道道胡说八道。"

杰拉尔德·鲁宾　撰文

托马斯·卡斯基

托马斯·卡斯基（C. Thomas Caskey）的二三事

尽管做博士生与博士后研究时，我曾多次聆听托马斯的学术报告，但第一次与他面对面交谈，还是在1998年末，他到中国科学院遗传研究所（现为中国科学院遗传与发育生物学研究所）来看我。首先是我首次与他说了"功能基因组"的提法有待商榷（当时曾有提议把我们的"人类基因组中心"改为"人类功能基因组中心"）之事；其次是请他帮助解决中国科学家加入人类基因组组织（HUGO）之事，因为当时我是中国唯一的一位成员，而一位申请者需要5位人类基因组组织成员推荐。对此，他一口应允，后来我给了他一份30多人的推荐名单，全被接纳。后来，我也曾直接问过他为什么去了默克公司，他解嘲说只是看待遇优越。对他此举，我至今为之遗憾。最后一次见到他，是在冷泉港测序技术会议上。他苍老了，头发白了，但目光还是那样炯炯有神！

代表论文

Caskey C T & Kruh G D. 1979. The HPRT locus. *Cell*, 16 (1) : 1-9.

Edwards A, ... , Caskey C T, et al. 1990. Automated DNA sequencing of the human HPRT locus. *Genomics*, 6 (4) : 593-608.

托马斯·卡斯基

托马斯·卡斯基是一位基因组学的先驱，也是一位极具冒险精神、思路开阔、思维活跃的科学家。作为人类医学遗传学家，我们有理由将他称为人类分子遗传学的开山鼻祖。1970年之前，他与马歇尔·尼伦伯格一起解读了遗传密码。20世纪70年代，他搬到了休斯敦，克隆了次黄嘌呤磷酸核糖基转移酶（HPRT）基因，这是最早分离的人类基因之一，之后他立即着手鉴定那些导致人类疾病的突变。他对这些问题的深入研究，恰恰说明了DNA是最重要的生物分子，而解序技术则是推动生物科学发展的关键。

在贝勒医学院，托马斯创建了一个完整的人类分子遗传学系，但也不要忽视他同时是一位医学遗传学家的事实。在20世纪80年代早期，他建立了第一个基于DNA的诊断实验室。按照现在的标准，当时技术相对落后。在检测人类疾病突变的探针和聚合酶链反应（PCR）出现之前，诊断只能依靠等位基因特异性寡核苷酸探针或限制性片段长度多态性连锁分析。

在国家和地方两个层面，托马斯做的都是正确的，一方面，他满腔热情地支持人类基因组计划，另一方面，他是首批获得人类基因组计划资助的学者之一，开始克隆人类X染色体的某些区段并找出其中重要的基因。20世纪80年代后期，他资助建立了一个酵母人工染色体（YAC）克隆中心并支持在小鼠和果蝇中进行基因工程操作。他意识到DNA测序是下一阶段的基本技术，便全力支持向此方向迈进。早期的人类基因组计划因为没有计算机，也没有真正清晰的思路，还处在摸索阶段。托马斯与弗朗西斯·科林斯以及其他基因猎手一样专注于早日得到那些与人类生物学和疾病相关的重要基因。科学界就是这样，一旦确立某个重要的研究目标（方向），那么围绕这一目标（方向）的力量就会越聚越强。

20世纪80年代，托马斯已成为免费分享基因克隆实验产物的拥护者。后来，90年代中期，刚有人提出将计算机模拟实验数据尽早发布的想法，托马斯早已先于此建立了这些规则。

托马斯还主持了一个重要的早期项目，即以荧光标记鸟枪法测序一个插入片段为 HPRT 基因9个外显子的黏粒克隆，长达6万碱基对。这是他与威廉·安索奇在海德堡的欧洲分子生物学实验室1990年完成的合作。虽然事后看来当时所用的方法还比较原始，但该项目使用的所有技术都被人类基因组计划采用，如插入大片段的克隆、霰弹文库、随机测序和靶区域完成图的组装。最重要的是，次黄嘌呤磷酸核糖基转移酶项目首次使用了成对的（亚克隆）末端测序"read"（下机序列）。

20世纪90年代初，托马斯向国家卫生研究院提议建造一个超过当时标准的人类基因组中心。然而受限于当时的眼界，该提议未被批准。随后，托马斯离开了学术界，去了默克公司主持一个部门。事实上，他的理念超前于他所处的时代。几年后，投资机构才开始积极寻求这样大手笔的计划。托马斯既有远见又精力充沛，是人类基因组计划的重要奠基者和贡献者。

理查德·吉布斯　撰文

阿拉温达·查克拉瓦蒂

阿拉温达·查克拉瓦蒂（Aravinda Chakravarti）的二三事

我刚从阿拉温达起步的印度统计学研究所访问回来。他和我的另一好友，国际癌症基因组协作组（ICGC）印度卷的负责人帕萨·穆默德教授，都是全球著名的中国遗传学家李景均的学生，他曾为李先生写了一篇感人至深的悼念文章。我曾给他俩与李景均先生夫妇拍了一张合影（右下照片）。我在美国人类遗传学会的年会上曾多次与他见面，后又与大家一起选举他当了学会主席。他是国际人类基因组单体型图计划和国际千人基因组计划的主要负责人。他以自己的聪明才干和组织能力，为这两个计划的圆满完成做出了重大贡献。

代表论文

Gabriel S B, ... , Chakravarti A, et al. 2002. Splitting a multigenic disease: Segregation at three loci explains familial and population risk in Hirschsprung disease. *Nature Genetics*, 31 (1) : 89-93.

International HapMap Consortium. 2007. A second generation human haplotype map of over 3.1 million SNPs. *Nature*, 449 (7164) : 851-861.

阿拉温达·查克拉瓦蒂

我第一次见到阿拉温达·查克拉瓦蒂是 1994 年在加拿大蒙特利尔的坚石咖啡厅。那天，美国人类遗传学会（ASHG）的主席演讲刚刚结束，我们一班人（多为博士后，还有几个高年级研究生）就聚在这里一边喝酒、一边讨论刚才那场演讲。大家都认为这个领域前途辉煌，尤其对人类基因组计划和人类全基因组参考序列的草图充满期待。我不记得阿拉温达是如何加入到我们这些年轻遗传学者群体中来的。但毫无疑问，他令人一见难忘。在这次初遇中，阿拉温达的 3 个特点令我印象深刻：第一，他的激情，对人类遗传学充满信心；第二，他的雄辩，从不同的视角剖析，让人不禁开始质疑那时的主流观点；第三，他的不服输，即便聚会结束，他仍继续思考讨论。这些性格特征对他为人类基因组计划做出开创性贡献是非常重要的。毫不夸张地说，在过去 40 多年里，他推动了整个领域的发展。

阿拉温达出生于印度的加尔各答并在那里长大。在印度统计学研究所获学士学位，1979 年于得克萨斯州大学获博士学位，师从以严苛闻名的根井正利，早在那时便显露出了他对统计学和群体遗传学的偏爱。1980 年，阿拉温达在匹兹堡大学的人类遗传学部从事人类遗传学研究；1994 年去了凯斯西储大学医学院；2000 年到了约翰斯·霍普金斯大学；现在他是麦库西克-那森斯遗传医学研究所的教授。多年来，他在该领域的领导地位得到了一致认可，曾荣获诸多奖项和荣誉，包括当选为美国人类遗传学会主席（2008 年），被评为美国国家医学院院士（2007 年）和美国国家科学院院士（2015 年），并荣获美国人类遗传学会的威廉·艾伦奖（2013 年）。

在人类基因组的解序过程中，阿拉温达一直发挥着关键作用。他很早便预见到人类基因组计划将如何改变我们对人类生物学的理解，但是他认为人类基因组计划的完成只是揭示人类历史、演化和疾病的遗传基础这一漫长历程的第一步。他建立了一项策略 —— 将基因组序列作为深入了解人类遗传变异的平台，从而推动疾病相关基因的发现。阿拉温达在国际人类基因组单体型图计划和国际千人基因组计划中的领导作用，使人类群体遗传学得以复兴。他对连锁不平衡和人类变异谱的深刻认识，有助于他发现与囊性纤维化、高血压、孤独症和希尔施普龙病相关的基因。他的很多研究解决了复杂疾病遗传结构的难题，并且还提供了一些多因素模型的有力证据，证明这些常见和罕见的遗传变异是人类疾病的遗传基础。

埃文·艾希勒　撰文

陈奕雄

陈奕雄（Ellson Chen）的二三事

我在会议上见过陈先生，也许他已不习惯讲汉语，因此没有深谈过。在一段时间里，他被认为是全世界测序最多的一位科学家，也是美国应用生物系统公司最重要的角色之一。但在国际合作的人类基因组计划以及他在其中扮演重要角色的另一些公司里，陈先生似乎都没有崭露头角。陈先生回中国台湾之后，几度在媒体露面，并宣讲他的宏伟大略，但近时报道不多。祝陈先生事业成功，万事如意。

他的小传是由编著者之一的理查德·麦康比撰写的，也反映了原版书力求全面，尊重历史、尊重人才的用意。他的小传是篇幅最短的两篇小传之一。

代表论文

Chen E & Seeburg P H. 1985. Supercoil sequencing: A fast and simple method for sequencing plasmid DNA. *Dna*, 4 (2) : 165-170.

Ross M T, ... , Chen E, et al. 2005. The DNA sequence of the human X chromosome. *Nature*, 434 (7031) : 325-337.

陈奕雄

陈奕雄是将 DNA 测序技术引入美国的第一人。他和基因组学领域中的其他几位知名人物一样，也是在布鲁塞·罗的实验室攻读博士学位。随后，陈奕雄去了剑桥，在 DNA 测序技术的发明者之一弗雷德里克·桑格实验室做博士后研究。

回到美国后，陈奕雄凭借在桑格研究所的工作经验，在贝塞斯达研究实验室获得了一个职位，负责向客户传授那时最新的 DNA 测序技术。因此，陈奕雄到过美国的很多地方，许多人也是从他那里第一次知道了什么是 DNA 测序。

随后，他搬到旧金山，成为基因泰克公司测序部的负责人。20 世纪 80 年代到 90 年代早期，他参与了很多重要基因的解序工作。接着，陈奕雄离开基因泰克公司去了旧金山地区的另一家公司——应用生物系统公司，他在那里领导技术研发和测试小组。当时，应用生物系统公司正在为人类基因组测序加紧研发自动化设备。90 年代，应用生物系统公司研发的很多用于大规模测序的关键试剂之所以能成功，陈奕雄功不可没。离开应用生物系统公司之后，陈奕雄回到了他的故乡中国台湾。然而，他对人类基因组计划尤其是 DNA 测序的巨大影响，不能被低估。

理查德·麦康比　撰文

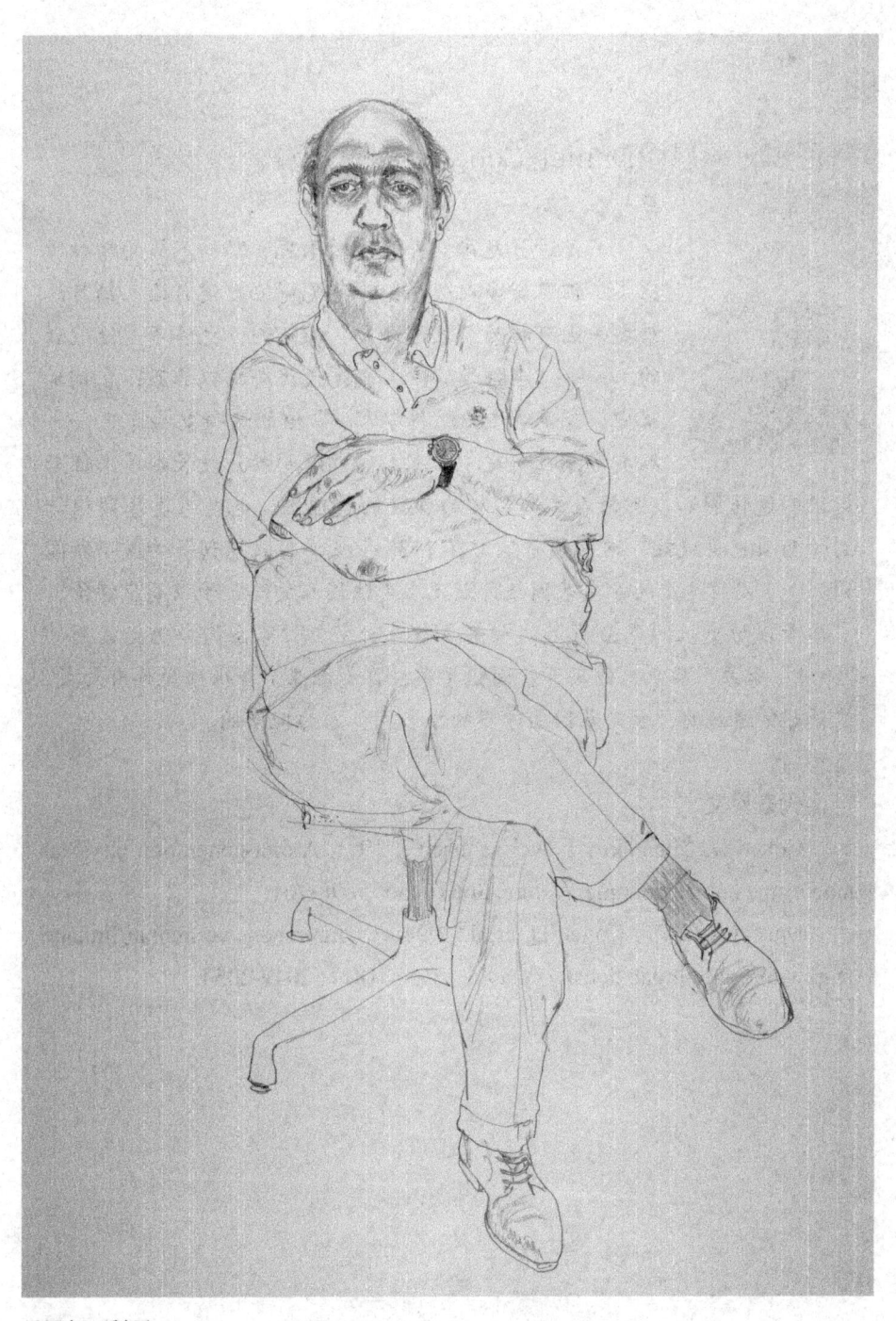

丹尼尔·科恩

丹尼尔·科恩（Daniel Cohen）的二三事

我见过丹尼尔，并为他的乐观、坚韧不拔的精神所感染。但像好多人一样，难免觉得他更爱自己，摘其语录之一则可称为"表达谦虚"的范例（也许不是他原创的）——"在科学家中，我是最优秀的钢琴家；在钢琴家中，我是最杰出的科学家。"他的两项重要贡献——人类多态性研究中心家系的以限制性片段长度多态性为标记的遗传图和以酵母人工染色体为骨架的物理图，也是人类基因组计划的两项重要成就，这两项贡献曾在1985年被《时代周刊》（或《新闻周刊》）以"美国的人类基因组计划正在走法国人的路"予以高度评价，应该予以历史性的充分肯定。人类多态性研究中心家系迄今仍是常用的"标准"家系。后来，他离开基因组学界，再创他业，却很难说再有大成，这是非常遗憾的，也是基因组学界的很多同仁深为惋惜的。

代表论文

Cohen D, Chumakov I, Weissenbach J. 1991. A first-generation physical map of the human genome. *Nature*, 366 (6456) : 698-701.

Murray J C, ..., Cohen D, et al. 1994. A comprehensive human linkage map with centimorgan density. *Science*, 265 (5181) : 2049-2054.

丹尼尔·科恩

丹尼尔·科恩头上戴着难以想象的"光环",他是人类基因组定位绘图的关键人物之一。他是一位生物技术企业家,出生于突尼斯;曾获得过法国最高荣誉之一的军团骑士勋章;他的导师让·多塞因发现人类白细胞抗原(HLA)的基因复合体而闻名法国,丹尼尔是他的接班人。丹尼尔协助多塞建立了法国人类多态性研究中心 —— 一个致力于研究人类遗传变异的研究中心,该中心的主要经费来源是法国慈善家捐赠的艺术品拍卖款。在丹尼尔的领导下,人类多态性研究中心最初专注于人类遗传标记限制性片段长度多态性的发现和应用。与犹他大学的雷·怀特合作,人类多态性研究中心组织收集了多个人类大家系的细胞系,并将来自这些家系的 DNA 分发给国际学术界的研究者,让他们将分型数据汇集到一起,最终在 20 世纪 80 年代后期和 90 年代初共同协作,绘制了更为详尽的人类染色体遗传(连锁)图。至今,人类多态性研究中心家系仍是标准的参考家系,用于不同领域的分子研究。这些研究基于追溯遵守孟德尔遗传定律在世代之间传递的人类基因组区段。

虽然人类遗传图的绘制当时尚未完成,但为了加速人类遗传病致病基因的发现,丹尼尔便将研究方向转向物理图。他的团队于 1993 年发表了基于限制性片段长度多态性遗传标记和重叠的酵母人工染色体克隆的人类全基因组物理图。这一张整合了高分辨遗传图和物理图的图谱成为人类基因组序列图的雏形,人类基因组序列正是在这一基础上最终组装而成的。

丹尼尔永不止步,用他自己的话来说,"我总是向往未来,要我回想从前,沉湎于过去是很难的"。作为一名训练有素的医学博士,他一直致力于新的遗传性复杂疾病的治疗。丹尼尔从20世纪90年代中期开始关注如何将人类基因组研究积累的知识应用于人类健康。他尤其关注的是开发"鸡尾酒药物"并投入市场，因为他相信，与单剂药物相比，"鸡尾酒药物"将对许多疾病有更好的治疗效果。丹尼尔改变世界的雄心与源于艺术和古典音乐的气质相得益彰。他自己就是一位获奖的钢琴家，为基因组学界带来了他的风格和才华，同时也带来了乐观和海量的数据。

梅纳德·奥尔森　撰文

弗朗西斯·科林斯

弗朗西斯·科林斯（Francis S. Collins）的二三事

毫无疑问，弗朗西斯是我最敬重的师友之一。我曾多次与他长谈。他在对中国同事的理解基础上对促成中国参与人类基因组计划和对国际合作文化的执着，以及多年来对中国基因组学界的热情鼓励和有力支持，是我难以忘怀的。他在一次访问中国时曾用吉他边弹边唱了7首歌曲，其中几首歌词还是他即兴创作的。他在人类基因组计划这条"大船"几次遇上风浪时，总是能沉着应对，审时度势，并总能以他的智慧和特有的风格说服大家，异中求同。他已是美国国家卫生研究院的"三朝"主任，这三任期间，尽管面临更多更大的挑战，他都能化险为夷，使美国国家卫生研究院这条"大船"在新的风浪中稳步向前。我在他那里学到的最实用的"一招"便是在会议结束时总是会展示深受欢迎的几句"Bring home messages"。

代表论文

Rommens J M, ... , Collins F S, et al. 1989. Identification of the cystic fibrosis gene: Chromosome walking and jumping. *Science*, 245 (4922) : 1059-1065.

Collins F S & Galas D. 1993. A new five-year plan for the U. S. Human Genome Project. *Science*, 262 (5130) : 43-46.

弗朗西斯·科林斯

转眼间 15 年过去了,但每当周五上午的 11 点钟,我依旧会下意识地想起在这个时间点曾经与弗朗西斯·科林斯在人类基因组五大中心("G5")电话会议上的交流。

许多年来,人类基因组计划的领导层每周召开一次电话会议,评估项目的进展,讨论下一步的战略。出席电话会议的包括人类基因组五大中心和 3 个主要的资助方——美国国家卫生研究院、美国能源部(DOE)和英国的惠康基金会。这个会议非常民主,决非某个国家、某个资助方或某个中心一家独大,但是大家对谁是领导者这件事心知肚明。

通常,科研资助机构总是由精通行政事务的人员运营,很少是由一位世界级的科学家来掌管的。然而,弗朗西斯却是协调人类基因组计划这一史无前例的宏伟计划天生的最佳人选。

弗朗西斯是一位杰出的人类遗传学家。1989 年,他在密歇根大学时,发明了早期的定位克隆策略,居然能一次跳跃、跨过很大的一段基因组距离,定位了囊性纤维化基因。囊性纤维化基因的成功克隆是整个人类遗传学领域的里程碑,而后使患者的有效治疗成为现实。

几年之后,我和弗朗西斯在华盛顿特区乔治敦一家越南餐馆的后院共进晚餐。那天我的任务就是劝说他出任国家卫生研究院的国家人类基因组研究中心(NCHGR)主任这一要职。他有点迟疑,因为他很清楚,这一公众责任肯定会使他分心,再也不能专注于他自己的科研项目。然而,出于服务民生的使命感,他意识到:这是来自内心的召唤!

正是因为弗朗西斯深厚的科学功底，使人类基因组计划成为国家卫生研究院类似项目中战略思维和果断决策的"旗舰"，这在国家卫生研究院前所未见。

也许是凭借他与生俱来的感染力和对基因组医学的激情，弗朗西斯说服美国国会成为人类基因组计划的重要支持者，并且在塞莱拉公司企图把人类基因组私有化时，仍能坚定不移地鼎力支持人类基因组计划。

由于弗朗西斯擅长吉他演奏，并能在任何场合即兴谱曲作词（这是他父母遗传给他的。在大萧条时期，他们为罗斯福的公共事业振兴署收集民歌并在弗吉尼亚州的住家附近每年举行一次民俗活动），他总能凝聚人心，使人们同心协力，信心满满。

也许是凭借他坚定的宗教信仰，尽管那时对人类基因组计划的怀疑有很多理由，弗朗西斯依旧坚信我们能够获得成功。

在过去的30年里，从来没有人能像弗朗西斯那样，与我在多个重要领域（从人类基因组计划到奥巴马政府，再到很多其他领域）中合作得这么密切。这使我认识到，站在我们之中的是一位少有的杰出人物，他集睿智、乐观、坚毅、优雅于一身。

在越南餐厅与弗朗西斯共进的那顿晚餐，也许是我为人类基因组计划所做出的最重要的贡献。

埃里克·兰德　撰文

艾伦·库森

艾伦·库森（Alan Coulson）的二三事

我与艾伦见过几面，由于他寡言少语，谈得不多，但知道他与林重庆和洪国藩等一起对建立桑格－库森法（也称双脱氧链终止法，简称桑格测序法）做出了重要贡献。他与罗伯特·沃特斯顿一起对秀丽隐杆线虫基因组计划做出了独特贡献。分享秀丽隐杆线虫基因组数据与成果的成功经验，是达成"百慕大原则"共识和奠定人类基因组计划精神（共有、共为、共享）的坚实基础。

代表论文

Sanger F & Coulson A R. 1975. A rapid method for determining sequences in DNA by primed synthesis with DNA polymerase. *Journal Molecular Biology*, 94 (3) : 441-448.

The *C. elegans* Sequencing Consortium. 1998. Genome sequence of the nematode *C. elegans*: A platform for investigating biology. *Science*, 282 (5396): 2012-2018.

艾伦·库森

在人类基因组计划成为一个国家的科学目标之前，艾伦·库森便满怀期待地参与其中。1967 年，他从母校（现为德蒙福特大学）毕业之后，便在英国剑桥医学研究理事会的分子生物学实验室担任弗雷德里克·桑格的助理研究员。他们共同研发和制订了 DNA 测序的方法和策略，最终发明了双脱氧链终止法。在桑格 1975 年发表该方法的那篇关键论文中，艾伦是两位共同作者之一。他们做梦也没想到，双脱氧链终止法（桑格 – 库森法）通过逐步改进和实现自动化而能独领风骚如此长久，成为人类基因组计划的引擎。

1983 年桑格退休，艾伦加入了研究秀丽隐杆线虫基因组的小组。当时，秀丽隐杆线虫的基因组实在太大，需要借助物理图以实现基因克隆的目的。艾伦认识到从物理图入手合乎他和桑格的工作逻辑。他将自己的经验用于设计和实施这一大规模的计划，并取得了巨大成功。后来他又承担了序列数据的组装工作。这一物理图是与华盛顿大学（WashU）的鲍勃·沃特斯顿小组合作绘制的，它的应用有赖于与从事分离和研究秀丽隐杆线虫基因的所有团队之间的通力合作。因为这些合作涉及妥善处理和分享尚未发表的研究数据，特别需要外交技巧，谦逊而又诚实的艾伦恰能胜任此任务。作为该项目事实上的国际协调人，他的彬彬有礼成了疏通的桥梁而非壁垒。这些早期的经验，为 20 世纪 90 年代中期的讨论提供了很多参考，并促成了关于分享人类和其他生物基因组的"百慕大原则"。

1990 年，分子生物学实验室和华盛顿大学合作启动秀丽隐杆线虫基因组测序计划，此后陆续加入其他基因组计划 —— 特别是人类基因组计划。

1992年，艾伦成为管理委员会委员并创建了桑格中心（后改名为惠康基金会桑格研究所）。随着研究所的扩大和工作节奏的加快，他的睿智有了用武之地，发挥了重要的作用。这一新中心参与了很多大规模的测序项目——最初是秀丽隐杆线虫、酵母、多种病原体和人类，并成为确保人类基因组计划保持其公共性质的关键（多亏了惠康基金会的支持）。艾伦继续指导秀丽隐杆线虫的基因组作图，并管理参与人类基因组计划的多国中心所需亚克隆文库的制备，包括完成人类基因组的那些特殊要求的文库。他还利用基因敲除和RNA干扰技术，为秀丽隐杆线虫基因组的功能分析做出了贡献。

在完成秀丽隐杆线虫和人类基因组序列图后，艾伦回到分子生物学实验室加入菲尔·霍林格团队，以核酶的区域性自我复制作为生物进化模型的研究结束他杰出的科研生涯。

约翰·萨尔斯顿　撰文

戴维·考克斯

戴维·考克斯（David R. Cox）的二三事

2013年，戴维静静地离开了我们。我和我的同事都深深地怀念他。

戴维是体细胞遗传学的奠基者之一，也是辐射杂种细胞系的再生者，尽管这一技术的数据并没有能全部整合进入类基因组序列图。我还清楚地记得，在旧金山一次美国人类遗传学会的会议上，他向别人这样介绍我：到中国，就得要找 Henry（焕明）这样的人。而他在1999年讨论中国参与人类基因组计划的国际会议上，一句"我了解Henry（焕明）"，就帮了大忙。谢谢戴维！

他在人类基因组计划会议上常常只埋头工作，一般不说话，一旦开口就会展示他的睿智，而吸引了大家的注意力。

代表论文

Stewart E A, ... , Cox D R, et al. 1997. An STS-based radiation hybrid map of the human genome. *Genome Research*, 7 (5) : 422-433.

Oliver M, ... , Cox D R, et al. 2001. A high-resolution radiation hybrid map of the human genome draft sequence. *Science*, 291 (5507) : 1298-1302.

戴维·考克斯

戴维·考克斯博士是世界上最为杰出的人类遗传学家之一。戴维颇有天赋，极具创造力，对人类生物学和医学方面的重要问题理解深刻，见解独到。作为一名医生，戴维曾与患有遗传病的年轻患者及家人一道，了解病情、解答问题、治疗疾病；作为一名科学家，他潜心深入研究体细胞遗传学，专注于非整倍体效应，而他最感兴趣的则是基因组的变异如何让我们健康而又让我们患病。他痴迷于绘制分辨率更高的人类基因组图谱，并利用这些图谱来找到基因，以说明人类基因组的精细结构。他与我齐心合力，先是一起在加利福尼亚大学，后来又一起到斯坦福大学工作。戴维将辐射杂种细胞作图重新加以改进，并用于人类基因组计划人类染色体图谱的绘制。这一方法首先通过放射性照射人类细胞系，将打碎的基因组碎片在啮齿类动物细胞中回收。随机分离这些碎片上的人类 DNA 标记，根据它们在大约 100 个辐射杂种细胞系中的存在与否，来确定这些标记的排列次序，然后用统计方法构建图谱。这一方法，整合了人类基因组的遗传和物理特性，在将人类 DNA 序列的片段拼接成一个连贯的、完整的基因组序列中发挥了关键作用。在人类基因组计划的每一次会议上，我们都可以看到戴维弯着身子坐在电脑前反复计算、重新设计，口中还念念有词，直到他对一些确定的统计学显著性感到满意为止。

出于将遗传学应用于临床的使命，戴维帮助建立了佩尔金科学公司，后来又去辉瑞公司工作。在那里他研究常见疾病的遗传基础，了解人们对治疗的不同反应，并研究基因组中的一些变异如何让我们更为健康。

戴维对他所做的每一件事都充满热情和活力，且十分理性，并有一种诙谐顽皮的幽默感。他喜欢收集和分析数据，无论是等位基因频率的变化，健身运动，还是赛隆尼斯·蒙克*的即兴音乐创作。虽然生于俄亥俄州，他却深爱海洋。他的朋友和同事常常看到他在金门大桥下的峭崖峻石附近冲浪，这的确有点让人担心；事实上他至少会穿一件潜水服，这也多少让大家没那么担忧了。

遗憾的是，2013年戴维心脏病突发，英年早逝。他比大多数人都更早地意识到遗传学和基因组学将引发医学实践的重大改变。他也许会高兴地看到在儿童和成人中遗传学上的发现与应用所取得的巨大进步。他对人类遗传学的愿景和热情，为他对人类基因组计划所带来的巨大价值奠定了基础。

理查德·迈尔斯　撰文

＊赛隆尼斯·蒙克，美国爵士乐作曲家、钢琴家，博普爵士乐创始人之一。（编译者注）

查尔斯·德利西

查尔斯·德利西（Charles DeLisi）的二三事

我作为人类基因组计划的"后来者"，没有见过查尔斯。他在1984年任美国能源部要员时，先于美国国家卫生研究院举行了第一次历史性专题讨论人类基因组计划的会议。这就是我后来好奇之处：首先提出人类基因组计划的为什么是美国能源部而不是美国国家卫生研究院？我的另一好友，美国能源部的人类基因组计划负责人之一阿里斯蒂斯·帕特里诺斯对我这个好奇的回答，写在我的教科书《基因组学》第一章有关人类基因组计划的历史讨论部分中了。后来我收集了与美国能源部的几乎全部的人类基因组计划相关的不定期通信。

正是由于查尔斯的远见与能力，才有了举世瞩目的人类基因组计划。

代表论文

DeLisi C. 2012. Breverton's Encyclopedia of Inventions: A compendium of technological leaps, ground break discoveries and scientific breakthroughs that changed the world//Breverton T. The Human Genome Project. *Quercus* : 360-362.

Hu Z J, ... , DeLisi C, et al. 2004. VisANT: An online visualization and analysis tool for biological interaction data. *BMC Bioinformatics*, 5 (1) : 17-25.

查尔斯·德利西

20世纪80年代初,我见到了查尔斯·德利西,那时他在美国国家癌症研究所(NCI)数学生物学实验室工作。虽然当时他主要研究免疫学,但他已经与所在实验室的资深研究员金久时 [后来京都基因与基因组百科全书数据库(KEGG)的开发者] 合作,在其主导的项目中从事前瞻性研究,即开发DNA序列综合检索与分析的工具。几年后,查尔斯邀请我去他的办公室,因为他即将前往美国能源部担任健康与环境研究的项目主管。当他整理完办公室时告诉我,现在是开发出更为强大的实验和计算工具以改变生物医学研究和加快研究速度的时候了。这也是他去美国能源部担任新职的原因。

不久后,查尔斯和他的同事及美国能源部的顾问向美国国会提出了人类基因组计划的建议。他们的努力使人类基因组计划得到了支持并列入1987年联邦政府的预算。在那前后,查尔斯总是跟我讲,现在最重要的事情是培养未来的生物医学研究者,使他们能够利用人类基因组计划产生的数据来获取真正有价值的发现。随后他就去了西奈山医学院,后来又在波士顿大学设立美国第一个也许是最好的生物信息学博士培养计划。这些年来,查尔斯又继续在免疫学、转录、蛋白质结构和表达分析等诸多领域中做出了重要贡献。

查尔斯的智慧、正直、驱动力和创造力使得他一直都是世界各地科学家最佳的合作伙伴,他与他们的合作持续数年并卓有成效。就我自己而言,在我担任美国国家生物技术信息中心(NCBI)主任期间,查尔斯一直是我科研生涯中的良师益友。作为一个富于远见且成就非凡的人,查尔斯依然用很温和甚至很温柔的口气给我提出建议,而非指手画脚。他的自信和乐观,也同样使我更加积极向上。

我们应充分肯定查尔斯在将人类基因组计划从一个概念变为现实中所起的关键作用。当然,他的科学贡献远不止于此。

戴维·李普曼　撰文

理查德·德宾

理查德·德宾（Richard Durbin）的二三事

理查德是我的老朋友、好朋友。我们一见如故，他的身材比我高出一头，而知识和工作能力更比我高出一筹。他是中国基因组学界的长期支持者和亲密合作者，更是我的良师益友。2005年，我们在中国商议后，在冷泉港人类基因组计划工作会议上一起提出了国际千人基因组计划的建议，而他却暴露了作为英国绅士不善于舌战群儒的不足。当然，这一建议的时间性、重要性和科学的完整性，使我们的美国同事最后不得不折服并转而一致支持。为了做好国际千人基因组计划，他坚持推辞了桑格研究所副主任的任命。我曾直接问他："这两者冲突吗？""是的。"他斩钉截铁地说。名师出高徒，尤安·伯尼就是他的高足和接班人。他无疑仍处在创新能力最为旺盛的中年期。祝理查德捷报频传！

代表论文

Harris T W, ..., Durbin R, et al. 2003. WormBase: A cross-species database for comparative genomics. *Nucleic Acids Research*, 31 (1): 133-137.

Birney E, ..., Durbin R, et al. 2004. An overview of Ensembl. *Genome Research*, 14 (5): 925-928.

理查德·德宾

惠康基金会桑格研究所于 1992 年创建之时，即致力于建立一个基因组，特别是人类基因组的解序中心。很明显，计算能力对于这个中心的成功至关重要。那时急切需要开发最先进的数据收集、保存、检索、分析的计算机设备，开发支持序列分析和作图的软件，开展序列收集、组装、分析和基因组数据库的研究项目。带着对桑格研究所的初步了解，理查德来到这里并成为生物信息部门的首位主任。他接受了建立一个顶尖的计算基因组学和高通量测序中心的挑战。理查德毕业于剑桥大学，获一等荣誉数学学位。短短 10 年间，便已成为医学研究理事会分子生物学实验室分子生物学计算研究团队的活跃分子。他在读博士学位期间研究的是秀丽隐杆线虫的神经网络，后在剑桥大学和斯坦福大学做博士后研究时，继续这一领域的研究，其后他到了约翰·萨尔斯顿和艾伦·库森那里，负责秀丽隐杆线虫基因组的生物信息学分析。在那里，他与让·蒂埃里－米格一起开发了基因组数据库 ACeDB。现在，ACeDB 已经演变为模式生物秀丽隐杆线虫数据库（WormBase）。

理查德在桑格研究所建立了研究小组，与他的博士生和博士后一起开发了人类基因组测序和注释的软件，而且每时每刻都在为全球提供基因组数据在线资源。其中有他与肖恩·埃迪和格雷姆·米奇森开发的基于隐马尔科夫模型的蛋白质和核酸序列比对（HMMER）算法的软件，包括蛋白质、RNA 和基因树家系数据库 Pfam、Rfam 和 TreeFam。他与蒂姆·哈伯德及尤安·伯尼（理查德的博士生）一起开发了 Ensembl。这是首个人类基因组序列组装浏览器，目前已成为主要的基因组数据资源。

继人类基因组计划之后，作为惠康基金会桑格研究所高层领导人，理查德对人类遗传变异和演化的兴趣有增无减。他开发的分析软件（BWA、BAM 和 VCF 文件格式及相关工具包）为高通量测序方法的深入开发和广泛应用做出了重要贡献。除此以外，他还提议并成为国际千人基因组计划的联合领导人之一，也参与了英国万人基因组测序（UK10K）计划协作组，将基于序列的遗传学扩展到临床相关表现型样本的分析。

有时，你也许会觉得理查德是一个对工作要求严格、令人敬畏的同事，他运用计算工具来推动生物学研究的能力超群。鉴于对生物信息学领域发展的杰出贡献，2004 年他当选为英国皇家学会院士。此外，他还是欧洲分子生物学组织（EMBO）成员，并在剑桥大学担任计算基因组学的名誉主席。

简·罗杰斯　撰文

埃文·艾希勒

埃文·艾希勒（Evan Eichler）的二三事

埃文是人类基因组计划团队中较为年轻的一员，但不像其他多数青年人那样活跃，很少听到他夸夸其谈，给人一种老成持重的印象。他对重复序列的喜爱和执着尽人皆知。尽管当时大家都相信重复序列必有重要之处，但确实没有谁像他那样痴迷。他对重复序列的先遣研究，对鸟枪法序列的组装和分析的重大贡献，应被充分肯定。

代表论文

Eichler E, et al. 1994. Length of uninterrupted CGG repeats determines instability in the *FMR1* gene. *Nature Genetics*, 8 (1) : 88-94.

Johnson M E, ... , Eichler E, et al. 2001. Positive selection of a gene family during the emergence of humans and African apes. *Nature*, 413 (6855) : 514-519.

埃文·艾希勒

我从未见过一个人能像埃文·艾希勒那样对重复序列如此执着与专注。在 20 世纪 90 年代中期，我们已知人类和其他生物基因组的大部分序列都是重复片段。但是，除了着丝点和端粒之外，对重复序列的结构、功能和演化，我们知之甚少。没有几个人关注这个问题，也没有几个人能真正认识其重要性。唯独埃文是个例外，他读研究生时的课题——分析脆性 X 基因（$FMR1$）的 CGG 重复，既令人着迷，又练就了他的技能。他发现那些序列不只是一串 DNA 分子单调地、无穷无尽地重复，而是通过特定的序列间隔开。这一特征解释了它们在基因组上的演化和在家系中的致病变异。他还证明了许多重复序列的移动性很强，并会有选择地插入到着丝点两侧区域而引起基因组的"片段复制"。这个发现非常重要，因为它涉及非同源染色体之间的非随机交换，而不仅仅是通常假定的不等互换。

然而，直到 20 世纪 90 年代后期，我们还不知道这种现象是基因组的普遍特性还是罕见特例。即将完成的人类基因组计划给他提供了千载难逢的机遇。当公共计划基本上都集中在基因组的单拷贝区域时，埃文力荐分析重复序列片段的重要性，并专注研究以证明染色体间（2.3%）和染色体内（2.0%）的重复是普遍性的，而且这些重复序列在某些区域显著富集，具有复杂的重复结构，这提示可能有多重插入。此外，高度的序列同一性表明它们的新近起源。这些研究，以及埃文和其他团队之后的研究，给了我们关于染色体以及基因组序列结构的现代概念（他还通过塞莱拉公司鸟枪法得到的序列数据，开发了人类基因组加倍事件的高分辨分析方法。今天大多数基因组解序采用的正是鸟枪法，这些重复序列分析方法迄今仍被广泛使用）。

但是那又如何呢？为什么说这些结论如此重要？第一，从基因组层面来看，染色体内重复序列的局部缺失和重复片段导致一系列遗传综合征；第二，正如埃文自己所展示的，这些区域是大多数未知发育系统相关疾病机制的研究热点，也是这些疾病一再复发的基因组位点；第三，人类基因组中富含的重复片段会影响基因组的生物学，这一点与其他物种不同，如酵母、果蝇、线虫。现在，我们对重复序列演化过程中的动态特性，对我们自己、对人类疾病以及对表型调控的作用，有了诸多新的认识，这些都要归功于埃文的远见卓识和不懈努力。

阿拉温达·查克拉瓦蒂　撰文

克莱尔·弗雷泽

克莱尔·弗雷泽（Claire M. Fraser）的二三事

我去过克雷格·文特尔组建的美国基因组研究所，可惜没见到克莱尔，但知道她很聪明能干。文特尔离开美国基因组研究所后，她一人挑起了几副重担，并使美国基因组研究所继续发展，特别是使其再度赢得了基因组学界的好感和认可。

代表论文

Loftus B J, ..., Fraser C M, et al. 2005. The genome of the basidiomycetous yeast and human pathogen *Cryptococcus neoformans*. *Science*, 307 (5713) : 1321-1324.

Costea P I, ..., Fraser C M, et al. 2018. Enterotypes in the landscape of gut microbial community composition. *Nature Microbiology*, 3 (1) : 8-16.

克莱尔·弗雷泽

克莱尔·弗雷泽和许多参与人类基因组计划的科学家一样，一开始所从事的研究领域并非基因组学，甚至连遗传学都算不上。她最初研究的是神经递质受体相关的药物学，具体来说，就是研究那些几乎在所有物种中都存在的七次跨膜受体*。她第一次接触到基因组学是在美国国家神经疾病和卒中研究所（NINDS）的受体生物化学部门，那里有一台当时世界上最早的应用生物系统公司的自动测序仪，并承担了繁重的测序任务，分析很多神经递质受体的基因序列。随后，克莱尔离开了国家神经疾病和卒中研究所，在美国国家酗酒与酒精成瘾性研究所（NIAAA）建立了自己的实验室，她的受体研究也随之扩展到了配体控制的离子通道受体。

克莱尔后来到了基因组研究所，且全身心投入到基因组学研究之中，她的团队首次以大规模表达序列标签测序来发现新的受体基因。无论是基因组研究所的建立，还是首个细菌基因组的解序，都离不开她的卓著贡献。在基因组研究所前任总裁克雷格·文特尔离开并成立了塞莱拉公司以后，她接任了总裁和主任双重职位。从1998年到2007年，在她的领导下，基因组研究所每年得到的研究经费增长到了6000多万美元，基因组研究所还完成了多种细菌、原核生物、植物、动物的基因组测序。在此期间，基因组研究所也跻身于世界上主要的基因组测序及分析中心之列。

后来，克莱尔到了马里兰大学医学院，成立了基因组科学研究所（IGS）。

---

*例如，G蛋白偶联受体。（编译者注）

在这里，她继续做自己在微生物、寄生虫和人类基因组领域的一流研究，并自然而然地从单个基因组学过渡到了微生物组群基因组学。基因组科学研究所也成了微生物组群研究领域全世界领先的中心，克莱尔早期的努力奠定了微生物组群基因组学发展的基础。她多年的努力也改变了人类对地球微生物多样性的认识。

理查德·麦康比　撰文

理查德·吉布斯

理查德·吉布斯（Richard A. Gibbs）的二三事

首先我们要感谢理查德的是，没有他在1999年9月1日人类基因组计划战略会议上的即席声明，就没有中国加入人类基因组计划的可能性，人类基因组计划的历史将是另外一个样子，因为那时整个人类基因组测序任务都已被实际"瓜分"。因此我们与理查德结下了不解之缘。一次我去贝勒医学院拜访他时，他们正在开一个大会，他居然让全体起立，表示欢迎，让我手足无措。

还有一件趣事，他从美国千里迢迢给我带了一瓶好酒，可就在走出杭州那个旅馆大门，离我不到1米的地方摔个粉碎。酒洒一地，情可昭昭！

这篇关于理查德的小传，是梅纳德·奥尔森为他撰写的，与本书中梅纳德撰写的另外几篇回忆文章一样，汉译未能淋漓尽致地反映他和老友理查德的深厚友谊。

代表论文

Muzny D M, ... , Gibbs R A, et al. 2006. The DNA sequence, annotation and analysis of human chromosome 3. *Nature*, 440 (7088) : 1194-1198.

Wheeler D A, ... , Gibbs R A, et al. 2008. The complete genome of an individual by massively parallel DNA sequencing. *Nature*, 452 (7189) : 872-876.

理查德·吉布斯

到今天，理查德·吉布斯执掌贝勒医学院人类基因组测序中心已 20 多年了。在人类基因组计划数据产出最多的那几年，他称得上是中流砥柱。贝勒医学院人类基因组测序中心有口皆碑，不仅是因为坚守承诺，更是因为它是很好的合作伙伴，尤其对于那些想与大规模中心合作的外部团队而言。最好的例子便是：正是理查德的支持，为中国参与人类基因组计划敞开了大门。

人类基因组计划结束后的几年里，理查德领导了生理学研究的主要模式生物——实验室大鼠的基因组解序，更为引人注目的是詹姆斯·沃森的个人基因组解序。这是第一次使用大规模平行测序技术分析个人基因组，它拉开了个人基因组时代的序幕。这两个项目都具有里程碑式的意义。此外，理查德还与一群颇有实力的临床医生合作，将贝勒医学院人类基因组测序中心转变为临床应用测序的先驱。

理查德在澳大利亚一个破败的农场里长大。他回忆说："农场的大部分围栏都参差不齐，歪来扭去，大门也只是用锈迹斑斑的铁丝拉在一起。只有实在不能再用的时候，才花钱去买新材料修修补补，将就将就。"尽管在这样的环境中长大，理查德依然带着对生物学的迷恋，在 20 世纪 80 年代末去了汤姆·卡斯基在贝勒医学院的实验室做博士后研究。他从汤姆那里学到的是，没有任何项目会因为太大而无法着手。依靠着坚韧的职业道德、出众的领导能力、冷静的处事方式，以及将新的技术推向极致的罕见直觉，他与人类基因组计划完美地契合到了一起。

近年来，理查德已成为将大规模测序与临床应用相结合的领军人物。

2010年，吉姆·鲁普斯基和理查德，以及贝勒医学院人类基因组测序中心的同事成功地应用全基因组解序确定了隐性遗传的进行性神经性腓骨肌萎缩症病变的分子基础，而这个患者正是吉姆·鲁普斯基本人。这只是理查德对基因组学诸多贡献中的一个实例。在为期6个月的数据收集期间，测序通量增加了3倍，读长提高了2倍。简而言之，该项目在启动时似乎并不可行，但在完成时已经接近常规分析。

理查德在其职业生涯中一直都冲在测序技术的"前沿"。他有着出众的洞察力，能准确地判断出哪里是"前沿"，又小心翼翼地绕开陷阱。他的另一个特点，在其他科学家中并不多见，那就是他认识到基因组学与医学的整合，必须伴随着对生命伦理问题的密切关注。通过自学并与生命伦理学者合作，他成为制定保护患者隐私重要性和可行性标准的代言人。这些标准在获得公众认可的同时，促使基因组学为提高人们健康水平发挥更大的作用。

梅纳德·奥尔森　撰文

沃尔特·吉尔伯特

沃尔特·吉尔伯特（Walter Gilbert）的二三事

我们当然认识。他也许是发明并自己做过化学测序，且还在世的唯一一人。我们很谈得来，迄今保持着密切的联系。他的睿智和幽默，会让你马上消除由于见他这样的名人而带来的紧张情绪，并很快放松下来。他退休后，活得非常潇洒，又是绘画，又是摄影。在2018年的第13届国际基因组学大会（ICG）上，我们还曾准备给他办个画展呢！

感谢您，沃尔特！

代表论文

Gilbert W & Müller-Hill B. 1996. Isolation of the lac repressor. *Proceedings National Academy Sciences of USA*, 56 (6)：1891-1898.

Maxam A M & Gilbert W. 1997. A new method for sequencing DNA. *Proceedings National Academy Sciences of USA*, 74 (2)：560-564.

沃尔特·吉尔伯特

我和沃尔特·吉尔伯特成为密友已有 60 多年了。凭着非凡的才智，他实现了 DNA 测序技术的突破，成为人类基因组测序的先驱。当人类基因组这样的目标进入他的视野时，他那睿智过人的大脑便立马构思出一个赢得成功的计划。

1956 年，在英国剑桥的一次聚会上，我头一次见到沃尔特。那时他正在后来的诺贝尔奖得主阿卜杜勒·萨拉姆实验室攻读理论物理学博士学位。那年夏末，沃尔特重回哈佛，又回到哈佛的理论物理研究组，我聘请了他的妻子西莉亚（著名记者伊西多·范斯坦·斯通的女儿）来做我的第一位技术员。尽管西莉亚只待了 4 个月，但我和沃尔特一家建立了深厚的友谊，我常和他们在马萨诸塞州剑桥附近的公寓共进晚餐。

后来的几年，沃尔特一直在哈佛的物理系工作。但在 1960 年，我告诉沃尔特我们打算通过实验方法来鉴定难以捉摸的 mRNA。他认为这么重要的实验一定会非常有趣，于是决定整个暑期都泡在我的实验室里。早期的分子生物学实验极富挑战，这使他倍感兴奋，很快他便永远放弃了理论物理学。

20 世纪 60 年代中期，沃尔特和本诺·米勒·希尔一起分离出了乳糖阻遏物，后来又和艾伦·马克萨姆一起发明了通向诺贝尔奖的 DNA 化学测序技术。1975 年，安德烈·米尔扎别科夫在哈佛访问时，介绍了他用硫酸二甲酯使 DNA 中的鸟嘌呤和腺嘌呤甲基化的实验，并建议沃尔特用乳糖阻遏物来做这样的实验。1977 年 2 月，马克萨姆-吉尔伯特化学测序法发表在《科学院院报》（美国）上。几乎同时，英国的弗雷德里克·桑格建立了双脱氧链终止法。沃尔特、桑格和保罗·伯格分享了1980年的诺贝尔化学奖。

沃尔特的成就还有重组DNA技术（DNA平端连接）、DNA复制的滚环机制，以及用细菌生产人胰岛素，后者使他成为生物技术产业的先驱。沃尔特还和他人共建了百健公司。1978年，沃尔特在《自然》杂志上发表了"割裂基因"的重要文章，引入了"内含子"和"外显子"这两个术语。

作为人类基因组计划的早期倡导者，沃尔特出席了好几个关键性的会议，包括1986年的冷泉港研讨会，在格雷斯会议厅的黑板上，他写下当时让很多人震惊不已的那30亿美元——人类基因组计划成本的"估价"（1美元/碱基对）。1986年8月夏末，沃尔特还参加了在马萨诸塞州伍兹霍尔举行的美国国家科学院会议。时任主席布鲁塞·艾伯茨召集讨论人类基因组测序提案的可行性，作为委员会委员，沃尔特的观点是：测序应以工业规模来实施。

退休之后，他成了一位备受欢迎的数码摄影艺术家，并且始终担任哈佛大学教职工工会主席一职。对此，他引以为傲，乐此不疲。

詹姆斯·沃森　撰文

埃里克·格林

埃里克·格林（Eric D. Green）的二三事

作为梅纳德·奥尔森的得意门生，埃里克在物理图的构建、以序列标签位点（STS）为物理图的标记和关联物理图与序列图等多个方面都做出了重大贡献。作为人类基因组计划团体中的"第二代"领袖人物，埃里克在很多方面似乎都受到梅纳德的影响。他很健谈，由于思路敏捷而语速很快，我与之谈了很多次后才完全适应，当然还要适应他那敏捷又跳跃的思路。作为后起之秀，他在美国的"精准医学"计划中起了很大的作用。在接任美国国家人类基因组研究所主任后，他使这个世界上最有影响力的研究所持续发展。当年奥巴马总统在宣布"精准医学"计划时，讲台上左侧摆设DNA双螺旋模型就是他出的主意。这样的安排使当时有些人还以为会议从政治集会改为学术报告会了。假如你也想与这个DNA双螺旋模型拍个亲热的合照，可以请华大基因的年轻人带你去拜访他的实验室。

代表论文

Green E D & Olson M V. 1990. Chromosomal region of the cystic fibrosis gene in yeast artificial chromosomes: A model for human genome mapping. *Science*, 250 (4977) : 94-98.

Hillier L W, ... , Green E D, et al. 2003. The DNA sequence of human chromosome 7. *Nature*, 424 (6945) : 157-164.

埃里克·格林

2009年，埃里克·格林被任命为美国国家卫生研究院下属的国家人类基因组研究所主任。作为后起之秀，埃里克在自己事业刚刚起步之时，便投身当时正在进行中的人类基因组计划。埃里克攻读博士学位时主修糖生物学，这使他深刻认识到理解生物学机制的重要性；同时，经过医学博士研究和实验医学的专业训练，他又具有了临床试验方面的知识与经验。在基因组学成为生物学机制研究核心并在医学领域发挥越来越重要的作用之时，他的这些学术背景都派上了用场。相较于别的同行而言，他对人类基因组计划有着更加历史性的回忆，因为他的父亲莫里斯·格林是一位耕耘了60余载的出色的病毒学家。埃里克曾回想起1970年初，他曾跟随父亲出席冷泉港实验室会议，见证了与会者讨论病毒在癌症发生过程中所起作用的热烈场面。后来，当他作为青年科学家再次回到冷泉港实验室时，发现冷泉港实验室讨论的焦点已经变成基因组和人类基因组计划了。

埃里克给基因组学界带来的不仅是训练有素的技能和源自家族的分子生物学知识。更为重要的是，他给基因组学界带来了一位同时拥有科学天赋、坚强意志和个人能量的结合体。他到华盛顿大学我的实验室里做博士后研究时，研究重点转向了基因组学，他的才华在此期间得到了充分展示。在短短几个月的时间，他便成为一位重量级人物，有力推进了很有应用价值的人类染色体物理图的绘制。这在20世纪80年代末期至90年代初，对于基因组学可是个巨大挑战。埃里克采用聚合酶链反应作为基于信息的、规模化的检测特定基因组序列的方法，通过识别酵母人工染色体之间的重叠区域，使用序列标签位点作为物理标记来构建图谱的想法付诸了实践。

埃里克于 1994 年将人类 7 号染色体图谱构建的工作从华盛顿大学带到了国家人类基因组研究所，并将分辨率提高到 10 万碱基对以上，他发表的有关文章一直是物理图的里程碑。由于图谱基于序列标签位点，与它来源的克隆群并不相关，因此提供了如何在人类基因组计划中基于物理图进行重叠基因组序列组装的模式。作为国家人类基因组研究所的研究员，埃里克还发现了好几个与人类遗传疾病相关的基因。他开创了大规模哺乳动物比较基因组学的研究，指明了哺乳动物基因组中功能性重要序列高度保守的区段经历了恐龙灭绝引起的适应性辐射。

埃里克集研究者、导师、管理者、编辑和会议组织者等角色于一身。在基因组学蓬勃发展而催生人类基因组计划，引领人类基因组计划，到现在跟随人类基因组计划的这段历程里，埃里克由博士后晋升到国家卫生研究院的研究所主任，见过他的人都会认同：在他的职业生涯中，最出色的还是他在基因组学领域里中流砥柱这一身份。

梅纳德·奥尔森　撰文

菲利普·格林

菲利普·格林（Philip Green）的二三事

我曾经认为 Phred/Phrap 就是菲利普本人的名字。Phred、Phrap 和 Consed 三个软件是人类基因组计划中问世最早、应用最广、影响最大，也最受欢迎的工具。几乎是每一个基因组中心必备之利器。即使今天，它们的基本原理仍未被撼动。我与菲利普虽交流不多，但受益匪浅。我要特别感谢他的是，虽然那时风闻他对我们的一些做法有误会，担心从他那里得到 Phred/Phrap 软件可能惹上很多麻烦，但是经过于军和梅纳德·奥尔森的共同努力，他非常慷慨地把所有自己开发的软件赠送给了我们。

谢谢菲利普！

代表论文

Ewing B, ... , Green P, et al. 1998. Base-calling of automated sequencer traces using Phred. I. Accuracy assessment. *Genome Research*, 8 (3) : 175-185.

Ewing B & Green P. 2000. Analysis of expressed sequence tags indicates 35000 human genes. *Nature Genetics*, 25 (2) : 232-234.

菲利普·格林

在人类基因组计划那如火如荼的年代，几乎每一个"read"（下机序列）——几百个碱基长的一段特定基因组区域的原始测序数据，都要通过3步计算机程序进行处理：Phred、Phrap 和 Consed。这3个程序都是菲利普·格林开发的，后来由他实验室的两名资深成员戴维·戈登和布伦特·尤因精心升级至企业版。人类基因组计划刚启动时，人们普遍认为用于人类基因组计划的分析软件一定要由那些管理规范的大中心团队开发。然而历史却另辟蹊径：大团队有大团队的作用，但是人类基因组计划数据分析的核心和灵魂有赖于菲利普在华盛顿大学那个小实验室里开发的工具。

菲利普的核心思路是充分利用"read"中的所有数据，以严谨的统计学方法对特定的碱基贡献进行权重分析。在 Phred/Phrap/Consed 软件包中，Phred 对碱基的质量进行评分；Phrap 利用碱基评分值将大量的重叠"read"进行拼接；而 Consed 则是供专门负责"补洞"的操作人员对组装序列进行精细的核准，找出拼接中质量较差、需要补充测序才能解决的区域。参与人类基因组计划序列分析的行家谈到那些仅靠一个"read"上 Phred 值 30 的高质量碱基就能得到 99.9% 置信度的序列时，总是充满敬意。

在强手如林的基因组学界，菲利普是位传奇人物，在人类基因组计划成功赢得社会支持方面，菲利普同样是位代表人物。1990年底，过早地组织大团队合作失败了。人类基因组计划所需要的是一班迥然不同的研究者，他们有迎接挑战时仍全面认真思考的自由，他们能通力合作，一起将想法付诸实践。菲利普的独特贡献在于建立了一条分析海量原始数据的可行途径，以处理随着实验的标准化和自动化程度越来越高而积累越来越多的数据。

菲利普的职业生涯开创了一个有违常规但仍能成功的典范。他最初的工作是在纯数学领域中探索 C* 代数的特性，这是对量子力学的基础数学框架的概括。他在生物学方面初试牛刀便解决了传统生物统计学的难题，并很快又在一家试图构建人类遗传图的小型生物科技公司找到了更为独特的研究方向。在那里，菲利普认识到在遗传图构建中所流行的抽象理论相较于当前实际太过超前，解决这个问题的第一步必须是识别和管理基础数据中无处不在的错误。在华盛顿大学，菲利普将这一观点同时推广到物理图的绘制和测序中。同时，他对分子演化也做出了重要贡献。

在许多瞬息万变的领域里，与卓尔不凡的科学家争论是不明智的。在人类基因组计划中，菲利普就是这样的人物。当人们对讨论和分析数据的最佳策略出现争论时，他被证明一直是正确的。

梅纳德·奥尔森　撰文

马克·盖耶

马克·盖耶（Mark S. Guyer）的二三事

马克一直是弗朗西斯·科林斯的助手和"军师"，也是人类基因组计划的"大管家"和大秘书。他特别和善，平常沉默寡言，常作沉思状，但一旦开口说话，便出口成章，有条有理。他在中国做的唯一一次长篇报告，是2006年在杭州举行的首届国际基因组学大会上。他代表美国国家卫生研究院宣布了"两步走"的测序技术发展规划：首先实现10万美元（一个人的基因组）；然后实现1000美元（一个人的基因组）的最终目标。当时在我看来，实现这个目标是非常困难的。我之所以相信并为之鼓掌，是出于对他们的信心。在一个人的基因组1000美元已变为现实的今天，不应忘记马克在多方面的贡献。

代表论文

Waterston R H, ... , Guyer M S, et al. 2002. Initial sequencing and comparative analysis of the mouse genome. *Nature*, 420 (6915) : 520-562.

Collins F S, ... , Guyer M S, et al. 2003. A vision for the future of genomics research. *Nature*, 422 (6934) : 835-847.

马克·盖耶

在人类基因组计划的众多领军人物之中，很少有人会承认自己在人类基因组计划启动时对这一创举心存迟疑（并不是信心满满）。然而，马克·盖耶正是这样一位人物，并以此为荣。

事实上，马克会告诉你他在1988年放弃了国家卫生研究院下属的国家综合医学研究所（NIGMS）驾轻就熟的项目主管这一职务，而加入自命不凡的人类基因组研究办公室（OHGR）的主要原因是他觉得在人类基因组计划启动的前几年，这个计划需要一定的质疑思维才能助其成功。为了帮助人类基因组计划得以成功，在人类基因组研究办公室演变成国家人类基因组研究中心并最终成为国家人类基因组研究所的逾25年时间里，马克和整个基因组学界也确确实实是这样做的。

在人类基因组计划的诸多方面，马克都可谓是绝对不可或缺的人物。我的同事埃尔克·乔丹一语言中："他是维系这一计划的黏合剂"。也许正是因为马克对宏伟的人类基因组计划和雄心勃勃的行动时间表充满焦虑，他才越发努力地去钻研最新技术，培育与科学界的关系，并帮助创建合作平台，以助人类基因组计划梦想成真。

马克于1974年获加利福尼亚大学伯克利分校细菌学和免疫学的博士学位，在求学过程中他养成了严谨的思维方式；而在1986年进入国家卫生研究院之前，曾在生物技术创业公司的工作经历成就了他的实用主义；这丝毫不影响他将这两者罕见地结合在一起。事实上，他将人类基因组计划当成又一次创业，并将自己的经验付诸实践。

因此，每当不可避免的批评出现以至引发争论时，包括詹姆斯·沃森和我自己在内的人类基因组计划领导人，都经常会向拥有独特才能的马克请教，以便决策或者寻找新的方向。在我主持国家人类基因组研究中心和后来的国家人类基因组研究所的那15年里，马克一直是我的"军师"，不仅为人类基因组计划，还为国际人类基因组单体型图计划、国际千人基因组计划、DNA元件百科全书计划、癌症基因组图谱计划、非洲人类遗传和健康计划（H3Africa），以及其他诸多基因组研究计划提供了指导性意见，这些计划都历经曲折，但最终都很成功。

也许，马克给予基因组学以及整个生物医学研究领域最好的礼物是他为广泛分享数据所奠定的基础。1996年，他在"百慕大原则"的形成过程中发挥了关键作用。该原则为开放便捷的数据共享制定了指导原则，而数据共享已成为多数大型生物医学协作组和大项目的基本组成部分。

的确，通过与本书中的诸多人物协同合作，马克改变了科学的文化。在他那敏锐且充满质疑的眼神中，人类基因组计划和它的姐妹计划证明了科学界的协作可以成功。同时也显示了研究重要的生物问题时，进行基础数据收集的价值。马克的印迹将永远留在基因组科学之中。

弗朗西斯·科林斯　撰文

戴维·豪斯勒

戴维·豪斯勒（David Haussler）的二三事

戴维的数学功底尽人皆知。虽然他平常话不多，但我们这些生物学背景的同事都很尊重他。首先让人仰视的是他和他的学生威廉·詹姆斯·肯特在几个月里便开发了一个组装软件，解决了人类基因组"下机"数据的整体组装问题，使我们大家都为之欢呼。

他近几年的贡献是组织全球基因组学和健康协作组（GA4GH）在圣克鲁兹和迈阿密举行过两次会议，很合我意。我衷心地希望戴维的影响力和贡献越来越大。

代表论文

Kent W J, ... , Haussler D, et al. 2002. The human genome browser at UCSC. *Genome Research*, 12 (6) : 996-1006.

Siu L L, ... , Haussler D, et al. 2016. Facilitating a culture of responsible and effective sharing of cancer genome data. *Nature Medicine*, 22 (5) : 464-471.

戴维·豪斯勒

　　一见到戴维·豪斯勒，你的印象一定是：这是一位很好相处的人。他常常随意地穿着夏威夷衬衫和凉鞋，但在谈话中总会立刻提出一些关于未来的初创性观点。基因组学界同仁因戴维卓越的数学才能而认识了他。许多人可能还不知道，他早期接受的是美术与心理治疗等方面的训练并从事过许多别的工作，其中就包括生物化学。后来，当计算机科学令优秀数学家趋之若鹜时，他拿到了该学科的高级学位。来到圣克鲁兹后，他的研究方向从专注于纯数学问题转向了对生物聚合物大数据的解读。正当此时，人类基因组计划的讨论拉开了序幕。他是在分子生物学领域研究机器学习和隐马尔科夫模型出类拔萃的人物。

　　像戴维这样有着深厚科研背景和才华的科学家能全身心投入基因组学，无疑是给整个领域带来了一笔巨大财富。在20世纪90年代早期，其他对基因组学感兴趣的数学家在面对数据管理的巨大难题时望而却步。当时很少有人意识到，解决数据管理的难题是从基因组角度去理解生命的初始。从多方面来看，正是这一点吸引了最优秀的基因组学开拓者：戴维并没有把基因组学的早期挑战视为"单纯技术活"，或嗤之为"雕虫小技"，而是撸起袖子，带领一群才华横溢的年轻人承担起艰巨的任务——以合理的方式对数据进行排序、分析和可视化。至此，他借由基因组学真正开始了生物学的探索之路。

　　在人类基因组计划的收官阶段，戴维真正地改变了业内对基因组的看法。更确切地说，他通过开发计算机和浏览器交互界面，改变了人类基因组计划协作组每位成员浏览人类基因组序列的方式。在说服学生威廉·詹姆斯·肯特组装由各测序中心所产生的不同染色体区段序列后，他指导肯特为基因组学构建了第一个可视化的综合工具。我们都在加利福尼亚大学圣克鲁兹分校（UCSC）基因组浏览器上看到由基因组序列组装而成的"Golden Path"（最优路径），并进一步研究了自己所感兴趣的区域。

随后，他投身于基于人类基因组序列的关键课题的研究之中，并将人类基因组序列与生命之树中的近源物种基因组进行比较分析，提出了一系列科研问题，诸如一个个体中多少比例的基因组正在经历自然选择（令人惊讶的是只有不到5%）；在基因组中演化最保守的区域是什么（一些区域超级保守，但不是蛋白质编码基因）；以及持续运作的转座子是如何改变我们的基因组的（大多已得到了很好的证明）。

自此，戴维在基因组学领域的工作可谓无人不知。他在研究癌症基因组学方面也做出了巨大贡献。他与同事一道，倡导组织了全球基因组学和健康协作组，大力推进数据共享，这令他的影响力遍及全世界。对于我们很多人而言，戴维是以真正泛基因组的、动态视图的方式观察人类基因组数据的第一人。直到今天，他的影响力依旧深远。

理查德·吉布斯　撰文

谢里尔·海纳

谢里尔·海纳（Cheryl Heiner）的二三事

我没见过谢里尔，但知道她对美国应用生物系统公司系列测序仪的贡献斐然。完全可以说，正是这一代自动化和规模化程度都具划时代意义的毛细管凝胶自动测序仪，才使人类基因组计划得以提前完成。

代表论文

Smith L M, ... , Heiner C, et al. 1986. Fluorescence detection in automated DNA sequence analysis. *Nature*, 321 (6071) : 674-679.

Chin C S, ... , Heiner C, et al. 2013. Nonhybrid, finished microbial genome assemblies from long-read SMRT sequencing data. *Nature Methods*, 10 (6) : 563-569.

谢里尔·海纳

在人类基因组计划中，谢里尔·海纳确实是一位无名英雄。她在应用生物系统公司成立之初便加入其中，是公司的第 24 名员工。入职之时，她原本被安排开发该公司的首台 DNA 合成仪，可随即转向从事 370A DNA 测序仪的研发工作。这是第一台基于荧光标记和桑格测序系统的自动化仪器。荧光标记法诞生于加利福尼亚理工学院的勒罗伊·胡德实验室。谢里尔是应用生物系统公司和加利福尼亚理工学院协同攻关的关键人物。对实验技能和操作细节的专注，使她得以首次成功用应用生物系统公司装置完成样品的测序。应用生物系统公司和加利福尼亚理工学院联合在《自然》杂志上发表了一篇关于成功实现荧光测序的文章，她是该文的共同作者之一。

在早期工作的基础上，谢里尔再接再厉，在自动化仪器的开发及最终成功应用等方面均做出了贡献。新技术推广的一个重要难点在于需要复杂的操作才能将产出的 DNA 片段条带在仪器上区分开来并生成序列。谢里尔借鉴了简单的聚合酶链反应方法，将模板、聚合酶和试剂混合在单管内，随后封盖并通过温度循环实现 DNA 指数级扩增。她将同样的思路应用在 DNA 测序反应上，通过组合恰当的测序成分，控制其进入温度循环以产生序列条带的线性扩增。这种循环测序方法简化了在传统桑格–库森法中复杂而又必须严格定时添加试剂的一连串操作。这为后续所有版本中荧光标记和桑格测序法的普及应用铺平了道路，对样品制备流程自动化也至关重要。正是得益于循环测序方法的简化，此方法在人类基因组计划全速推进之时得以大规模应用。

谢里尔任职于应用生物系统公司和太平洋生物科学公司期间，她始终注重和用户一起开发测序技术，以帮助他们成功地运用测序技术去探索各式各样的生物学问题。她具有独特的能力去理解用户在使用这些技术时所遇到的问题，并通过指导或开发出更适于特定需求的实验室技术，以迅速解决这些问题。

迈克尔·亨克皮勒　撰文

拉蒂娜·希利尔

拉蒂娜·希利尔（LaDeana Hillier）的二三事

在人类基因组计划贡献者中，有好几位巾帼英雄，特别是从事生物信息学的她们。

我不记得是否曾在人类基因组计划的相关会议上见过拉蒂娜，但知道菲利普·格林实验室有一位骁勇女将，对 Phred 等软件的开发做出了很大贡献。

她过去的"老板"罗伯特·沃特斯顿回忆起她来，很有意思——"我想，她的 4 个女儿一定像很多同事的孩子一样常到实验室，给大家带来欢乐和笑声。而她们从小在实验室氛围所受熏陶，也一定会影响她们成长过程中的选择。"

遗憾的是，她是 62 位人物中，唯独找不到照片的一位，待再版时补上吧。

代表论文

Wallis J W, ... , Hillier L, et al. 2004. A physical map of the chicken genome. *Nature*, 432 (7018) : 761-764.

Gibbs R A, ... , Hillier L, et al. 2007. Evolutionary and biomedical insights from the rhesus macaque genome. *Science*, 316 (5822) : 222-234.

拉蒂娜·希利尔

拉蒂娜·希利尔伏在电脑前，苦苦思索着DNA序列峰图的问题：究竟根据什么特征，才能区分从测序仪产出的原始数据中碱基读取的质量优劣呢？虽然我们可以人工区分碱基读取的优劣，但区分时凭借的是哪些特征呢？这些特征又该如何通过计算机来识别呢？拉蒂娜非常擅长将头脑中的想法转化为计算机程序，因此她将峰高、峰宽及许多其他特征与整理好的数据进行比较，很快证实了利用这些特征进行数据分析是可行的。最终，她与非利普·格林一起开发了这款程序，也就是日后的Phred。这一碱基识别算法可以客观地定量评价测序质量，在人类基因组计划及后续的其他计划中得到了广泛应用。

1989年，如今的华盛顿大学基因组测序中心初次外招工作人员，拉蒂娜就是在那时被招募的。她在西北大学获得了工程物理学的本科学位，并以具有人工耳蜗功能的非线性模型研究获得了西北大学理学硕士学位。在耳聋中心研究院工作1年后，她改变了自己的研究领域。凭借敏锐的思考能力和勇于迎接挑战的精神，她迅速成为这一测序中心不可或缺的一员。1992年，她荣升信息学部主任，全面负责实验室中的计算支持工作。

除对Phred做出的贡献外，她还取得了许多傲人的成绩。她参与了默克公司、霍华德·休斯医学研究所（HHMI）和国家癌症研究所癌症基因组剖析计划（NCI-CGAP）管理项目，并分析了超过100万例人类与小鼠的表达序列标签。她开发了一套高效、精准的算法，用以检测克隆重叠和表达序列标签中的人类遗传多态性。同时她还开发了一套工具，用以建立源于随机克隆限制性酶切指纹的大规模物理图谱。至关重要的是，她意识到可以使用来自人类基因组计划的克隆序列草图建立计算机模拟的指纹，并在形成的图谱中对序列进行定位。利用这些工具，她将序列的克隆信息提供给她所在的科研中心以及斯坦福和怀特黑德研究中心。最为关键的是，她向加利福尼亚大学圣克鲁兹分校的威廉·詹姆斯·肯特提供了克隆的局部排列顺序，来辅助后者的序列组装程序。尽管工作强度大、时间长，但是拉蒂娜还是成功地完善了测序流程，以保障测序草图按时完成。

此后，拉蒂娜还完成了很多杰出的工作，包括整合表达序列标签的复杂算法、人工注释、比对方法，以及从头预测基因来注释人类基因组，这些方法成了业内标杆。此外，她还领导协作组对家鸡的基因组进行测序并协调各方进行黑猩猩的全基因组关联分析。

拉蒂娜是一位十分优秀的同事，极具幽默感并总是尊重他人。她为人一直谦逊低调。她培养了4个可爱的女儿，在她的帮助下，她们个个年少有为，令人称道。现在，拉蒂娜仍在为秀丽隐杆线虫、人类以及其他物种的基因组数据的分析和整理做不懈努力。

罗伯特·沃特斯顿　撰文

勒罗伊·胡德

勒罗伊·胡德（Leroy E. Hood）的二三事

勒罗伊真是一位具有传奇色彩的科学巨匠，他贡献多多，特别是荧光标记物的合成，给DNA测序仪带来了革命性的变化，也对人类基因组计划提前完成做出了决定性的贡献。他的性格很有特点，好多人认为他脾气倔强，与一些同事相处不好，但与我很谈得来。他来过中国好多次，我也多次拜访过他。

他同时具有企业家的素质，多次创业，但成绩平平。他提出的"系统生物学"尽管国际上呼应者甚多，但最终毁誉参半。不过他自己不以为然，也不做任何认真的辩护。

代表论文

Smith L M, ... , Hood L E, et al. 1986. Fluorescence detection in automated DNA sequence analysis. *Nature*, 321 (6071) : 674-679.

Ideker T, ... , Hood L E, et al. 2001. Integrated genomic and proteomic analyses of a systematically perturbed metabolic network. *Science*, 292 (5518): 929-934.

勒罗伊·胡德

勒罗伊·胡德是分子生物学和基因组学界的一位巨头。因为勒罗伊有一项独一无二的能力 —— 将日新月异、多学科交叉的新方法整合到生物医学研究之中，并想方设法利用由此拓展的新发现和新技术给医学实践带来变革，所以称他为一个有着远见卓识的科学家并不为过。他已经取得了令人惊叹的成就，在基础技术的发展过程中做出了无可替代的贡献。这些技术不仅让首个人类基因组解序得以完成，也让个性化医学或者说基因组医学在很多大型医院中得到了快速普及。

加利福尼亚理工学院微量化学设备是体现勒罗伊坚持技术发展重要性的一个早期事例。据一篇发表于 1984 年的文章描述，该设备是一个利用计算机分析数据，实现蛋白质测序、质谱、DNA 合成和肽段合成自动化的集成系统。该文章里有这样一句话："我们目前正在发明一个 DNA 序列分析仪"。该项目在随后的几年内被完成，改变了生物学界和医学界的面貌。

勒罗伊是人类基因组计划早期的积极倡导者。他迅速发现该计划不仅是简单的大生物学，更清晰地认识到它将如登月计划一样驱动技术、方法、设备和计算工具的发展，而这些发展将在几十年内给生物医学研究带来变革。勒罗伊进一步认识到人类基因组计划是一个使遗传学、分子生物学、化学、生物化学、物理学、数学、工程学和计算机科学相互融合的绝佳机会。在 20 世纪 80 年代，胡德实验室和加利福尼亚理工学院的大部分人员都展现出了这种远见卓识。

当年，作为一名刚毕业的生物化学博士及研究团队的一员，我沉浸于这一绝佳的科研环境,而在这种环境下养成的团队精神,让我受用至今。勒罗伊激励我们所有人都要像一个团队那样思考和行动,把我们各自的能力、专长和想法汇集在一起应对挑战。例如,研究 T 细胞如何在含有无数抗原的环境中进行特异性识别;人的神经细胞如何再生;以及在我们一周只能测序几千个碱基对的情况下如何完成人类基因组测序。人类基因组计划树立了一个国际团队科学合作的光辉榜样,在众多贡献者之中,无论是眼界、领导力还是推动力,勒罗伊都很出众。

理查德·威尔逊　撰文

迈克尔·亨克皮勒

迈克尔·亨克皮勒（Michael Hunkapiller）的二三事

我想，原版编著者之所以让迈克尔入选，是因为他作为一位典型的供应商或企业家，最终却成为全球DNA测序技术推广的贡献者。迈克尔的重大贡献就是将勒罗伊·胡德的荧光标记用于测序仪的升级，他也参与设计了单分子测序仪。他是塞莱拉公司的联合创始人之一，但他坚持担当供应商的角色。虽然他的PacBio测序仪在各项参数中均拔得头筹，但连年巨额亏损，他们公司已被并购。衷心希望他能一帆风顺！

代表论文

Istrail S, ... , Hunkapiller M, et al. 2004. Whole-genome shotgun assembly and comparison of human genome assemblies. *Proceedings of the National Academy of Sciences of the USA*, 101 (7) : 1916-1921.

Chaisson M J, ... , Hunkapiller M, et al. 2015. Resolving the complexity of the human genome using single-molecule sequencing. *Nature*, 517 (7536) : 608-611.

迈克尔·亨克皮勒

在整个基因组时代,迈克尔·亨克皮勒在 DNA 测序仪的发明和商业化方面发挥了至关重要的作用。1970 年,他毕业于俄克拉荷马浸会大学并获化学学士学位;1974 年,他在加利福尼亚理工学院获得生物化学博士学位。在加利福尼亚理工学院做博士后研究时,他与勒罗伊·胡德合作开展自己的博士后项目,共同发明了第一台 DNA 荧光测序仪。该荧光测序仪随后由应用生物系统公司推向了市场。

迈克尔于 1983 年加入应用生物系统公司。1986 年,应用生物系统公司 370A DNA 测序仪(勒罗伊·胡德实验室发明的第一个商业化版本)进入验收测试阶段,它通过实现自动同步收集多样本测序数据而革新了 DNA 测序技术。迈克尔本人说话温和、勤勉用功,他在基因组学方面的贡献是极其深远的。迈克尔在应用生物系统公司工作了 21 年,其中有 9 年时间担任总经理兼董事长。在此期间,他见证了基因组学和蛋白质组学现代研究仪器设备商业化的成功。更为重要的是,其中部分仪器、设备已用于包括人类在内的所有参考物种基因组的解序。在应用生物系统公司期间,迈克尔参与创立了塞莱拉公司。这家公司与人类基因组计划的官方组织展开竞争,完成了另一版本的人类基因组序列草图。

2004 年离开应用生物系统公司后,迈克尔成为合金投资的合伙人,该公司向太平洋生物科学公司(PBI)注入了巨资。当时,太平洋生物科学公司已推出了由康奈尔大学瓦特·韦布实验室研发并测试的一款新型单分子测序仪，然而并未能在基因组实验室中得以广泛应用。为了扭转这种局势，迈克尔于2012年被任命为太平洋生物科学公司首席执行官兼董事长。他根据太平洋生物科学公司长读长、单分子的技术优势对其进行定位，与市场主流的因美纳测序技术对峙，巧妙地推动了该项技术在基因组测序方面的应用，为植物基因组等复杂且重复度高的基因组开辟了新的测序途径。这项技术也被应用于为非欧裔人群提供高质量参考基因组的测序计划。

人类基因组计划的成功依赖于技术的进步。迈克尔的成功给我们的启示则是：那些在日常工作中常被我们忽视的仪器、设备，在科学发展中必不可少。

伊莱恩·马尔迪斯　撰文

让尼娜·高凯恩·伊利格

让尼娜·高凯恩·伊利格 (Jeannine Gocayne Illig) 的二三事

在科学界，由于自己或家人罹患某种遗传病而把这一痛苦转化成动力的实例不多。业界周知的让尼娜可以说正是这样一个实例。我们大家都为之感到钦佩与惋惜。

现在我们更加理解了原版书编著者力求全面反映基因组学在20世纪80年代和90年代发展过程中的贡献者，而不限于人类基因组计划协作组成员的用意。让尼娜对测序相关技术的贡献应该被充分肯定。

代表论文

Adams M D, ... , Gocayne J, et al. 1991. Complementary DNA sequencing: Expressed sequence tags and human genome project. *Science*, 252 (5013) : 1651-1656.

Fleischmann R D, ... , Gocayne J, et al. 1995. Whole-genome random sequencing and assembly of *Haemophilus influenzae* Rd. *Science*, 269 (5223) : 496-512.

让尼娜·高凯恩·伊利格

在基因组故事里有许多无名英雄，让尼娜·高凯恩·伊利格便是其中一位。她首先供职于美国国家卫生研究院的克雷格·文特尔实验室，是实现测序自动化的先驱。毫不夸张地说，她凭借一己之力，让这项技术得以快速应用。让尼娜参与了表达序列标签测序、基因组研究所的基因组计划，以及塞莱拉公司的果蝇和人类基因组计划。她所发表的一系列的文章证明，她为基因组学领域做出了长久的贡献。虽然每一个项目都带来了一系列新的挑战，但是让尼娜始终沉着冷静、坚定不移。她在细节把控上倾注了大量精力，但也从未忽视远大目标。

让尼娜在基因组研究所任职时，为了完成第一个细菌基因组测序项目，她帮助发明了"补洞"法，为衡量测序覆盖度建立了一套标准，而基因组覆盖度对于早期的基因组学是至关重要的。在塞莱拉公司任职时，她领导了一个由4人组成的高通量测序技术研发小组，旨在将样本数增加50倍（相比于同期基因组研究所的测序项目），相当于每天制备10万个质粒模板和完成20万个桑格-库森法的测序反应，以满足200多台应用生物系统公司系列测序仪的工作需求。马克·亚当斯回忆道："她将一个没有任何测序经验的小组打造成了高产的团队，创造了许多创新解决方案，并且始终坚守保质又保量的信念。"

在生活中，让尼娜是一个充满活力、乐于助人、脚踏实地的人。纽约艾斯利浦的大家庭以及庞大的朋友圈，对她来说非常重要。让尼娜对生活的热情充满感染力，深受大家的喜欢。

让尼娜的家族有着严重的癌症家族史。在她很小的时候，母亲和兄弟就因患癌症相继离世。她在特拉华州杜威海滩的一个公共海滨别墅遇见了后来成为她丈夫的道格·伊利格。后来，他俩和3个孩子，还有心爱的一只猫和一只狗，过着美好的家庭生活。让尼娜为她的家人感到骄傲，并憧憬着美好的未来。然而，她的爱子却在出生后不久确诊为癌症，虽然接受了一系列痛苦的治疗，但最终还是在13岁时不幸离世。1999年，让尼娜被诊断出乳腺癌，这迫使她在人类基因组计划将要完成时离开了塞莱拉公司。

即使在人生中最困难的时候，让尼娜仍然是感激、勇气和感恩的化身。2014年，53岁的让尼娜因肺癌永远地离开了我们。在葬礼上，她的丈夫谈了许多，他没有太多提及我们所失去的，而是满怀深情地回顾了从熟悉的让尼娜身上我们所获益的一切。他说，让尼娜认为在自己从事的职业生涯中，能与一群成就非凡的合作者携手为如此之多的基因组计划而奋斗，是她毕生的幸事。这份深情多有让尼娜的遗风！但是大家都清楚，其实我们才是幸运儿。

克莱尔·弗雷泽　撰文

埃尔克·乔丹

埃尔克·乔丹（Elke Jordan）的二三事

管理也是一门科学，而且是一门大科学，大实验平台的管理和协调更是一门大科学。

原版书的一大特点，是没有忽视那些在"大论文"上找不到名字的"无名英雄"。我与人类基因组计划各个方面的管理人员都有接触，而且都得到过他/她（们）的帮助。正因为有埃尔克这样的指挥部工作人员运筹帷幄，指挥调动全球资源同心协力，才有人类基因组计划的伟大成就。让我们向埃尔克这样的优秀管理者以及她的同行致敬！

遗憾的是，我们经过搜索，仍找不到她列为作者之一的任何论文。但这丝毫不会影响对她在人类基因组计划中所做贡献的肯定。

埃尔克·乔丹

从一开始，埃尔克·乔丹就以美国国家卫生研究院高级管理人员的身份参与人类基因组计划。无论在科学研究还是组织协调方面，她这15年的认真管理对人类基因组计划的成功至关重要。在这段时间里，埃尔克的上司像走马灯似的一直在换，然而她一直以敏锐的洞察力和沉着冷静的态度处理了内外纷繁的争议和分歧。

在分子生物学刚刚开始形成一门学科的时候，她便接受了这方面的教育，并成为声誉卓著的科学家之一。在国家卫生研究院工作不久，她以一名出色管理者的身份得到了大家的认可。因此，她迅速晋升为国家综合医学研究所副所长。即便人类基因组计划在科学界得到了越来越多的支持，国家综合医学研究所却依然没有承担人类基因组测序的工作。因而，当一个崭新、独立的基因组研究办公室成立之时，埃尔克便被一致推选为管理者，负责这项在国家卫生研究院看来充满挑战和风险的工作。埃尔克很快便组建了一支才干突出且受人尊敬的资深团队。在该组织发展成为国家人类基因组研究中心，进而成为国家人类基因组研究所的过程中，他们中的大多数人仍留在组织内，一路追随。

在埃尔克任职期间，人类基因组图谱绘制和解序任务需要领导者做出许多关键性的选择和决策，以应对相当大量而又多样化发展的思想和方法。对此，埃尔克建立了顾问组，组织了专门的同行评审系统；最重要的是，在大科学基因组中心和传统的研究者之间，她平衡了各方的资金需求。随着绘制图谱和解序研究从分小组完成较小基因组或生物体的模式生物，发展成为多方协作共同完成人类基因组，资金平衡需要在此过程中不断地进行调整，埃尔克成功地统筹了这一过程。因此，我们得以及时拿到可用、可公开访问和可供搜索的人类基因组序列，她的做法值得我们赞誉。

戴维·博特斯坦　撰文

威廉・詹姆斯・肯特

威廉·詹姆斯·肯特（William James Kent）的二三事

大科学、大计划为年轻人才脱颖而出提供了机会，也吸引了不少"神童"和奇人。威廉就是其中一位奇人。他在不到两个月的时间里，日夜奋战，几乎独自完成了人类基因组草图的组装。他曾应我们之邀在我们的国际基因组学大会上做过报告。他做科学报告的风采与他的随意装束及"放荡不羁"，都给我们留下了深刻的印象。但最后一次在圣克鲁兹的会议上他似乎没有露面，我想他一定又沉浸于新的灵感了！

代表论文

Kent W J & Haussler D. 2001. Assembly of the working draft of the human genome with GigAssembler. *Genome Research*, 11 (9)：1541-1548.

Kent W J, et al. 2002. The human genome browser at UCSC. *Genome Research*, 12 (6)：996-1006.

威廉·詹姆斯·肯特

　　威廉·詹姆斯·肯特既有沉着冷静的一面，也有热情奔放的另一面。他看这个世界无比透彻，总能找到积极改变的机会，并凭借出色的创造力和坚定不移的决心来实现改变。他在参与人类基因组计划时便是如此。因为学科背景和早年的工作经历，他进入了计算机科学领域。在这一领域，他形成了将问题形式化并置入编程逻辑框架之中的非凡能力。在 C 语言的架构之中，他创建出一行行精致代码和通用程序，这些如今已在生物信息学领域得到广泛应用（https://github.com/ucscGenomeBrowser/kent 和 http://hgwdev.cse.ucsc.edu/~kent/src）。在参与人类基因组计划之前，他曾涉足电脑游戏产业，随后又回到了加利福尼亚大学圣克鲁兹分校。在那里，他攻读分子、细胞和发育生物学博士学位，重新燃起了对科学的热爱。最终，在 1999 年 12 月，当时还是博士生的他做出了一个重要决定：加入人类基因组计划协作组中的加利福尼亚大学圣克鲁兹分校分队。

　　威廉凭借其超凡智慧和一贯的高效作风，迅速为人类基因组计划主要数据源的整合打下了坚实基础。这些高度技术性的数据包括基于克隆指纹的物理基因组图谱、染色体条带位置、序列标签位点遗传位置、辐射杂种细胞系、酵母人工染色体–序列标签位点（YAC-STS）、细胞遗传图谱、细菌人工染色体末端（BAC-end）定位、表达序列标签、mRNA，以及已知和预测的基因。原始 DNA 测序数据是由 A、C、G、T 这 4 种碱基组成的小片段，而上述这些信息源是对原始 DNA 测序数据的补充。加利福尼亚大学圣克鲁兹分校受邀参与该项目，以对在基因组组装成染色体后进行基因分析提供帮助,当时已经完成21及22号两条最小染色体的分析工作。在项目的最后几个月里,通过夜以继日的工作,生成了余下97%的人类基因组的原始DNA序列数据。然而,将这些数据组装成连贯基因组序列的工作却进展缓慢。人类基因组工作草图确定将于2000年6月26日在白宫举行宣布仪式,在时间紧且任务重的情况下,项目能否如期交付面临严峻考验。此时,威廉挺身而出。他将所有原始测序数据组装到人类的第一张基因组序列图谱中。在白宫宣布仪式之前,他连续6周每天几乎工作24小时,只在其间偶尔小睡一下,写了成千上万行代码,最终完成了GigAssembler程序。这份由GigAssembler组装而成的人类基因组,不仅为6月26日人类基因组计划工作草图得以按时公布打下了基础,也为2001年2月发表在《自然》杂志上的那篇文章奠定了基石。

2000年6月至2001年2月,在稳步地改进基因组装配方法的同时,威廉编写了时下颇受欢迎的加利福尼亚大学圣克鲁兹分校基因组浏览器。所有的人都因此可以浏览人类基因组,以及获得关联(基因组图谱)定位区域与周围区域的附加信息。现如今,每个月都有成千上万的科学家、医学专家和研究者使用此浏览器。它是威廉给我们献上的宝贵财富,有助于我们在基因组层面更为深入地去了解我们自己。

戴维·豪斯勒 撰文

埃里克·兰德

埃里克·兰德（Eric S. Lander）的二三事

埃里克无疑是人类基因组计划的核心领导人之一。他胆大心细，学问渊博，思路敏捷，交友甚广，又能言善辩。他既是基因组学家——基因组学这一领域的创始人，又是人类基因组计划的建议者、计划者和组织者。他对人类基因组计划的贡献举世公认，也是人类基因组计划精神——共享原则和"百慕大原则"的坚定执行者和捍卫者，劳苦功高。

埃里克还是一位奇人，他学的是数学，教的是商学，从来没有上过一节正式的生物学课。这也是我十多年前常说"喜欢生物的千万不要去读生物学系"想法的来源和实例之一。

埃里克曾学过一点汉语，在访华购物时常用中国话讨价还价，还乐此不疲。他对中国年轻人非常友好。他的夫人尤为好客，我们之中很多人都住过他家，品尝过他夫人亲自做的饭菜。

代表论文

Lander E S & Green P. 1987. Construction of multilocus genetic linkage maps in humans. *Proceedings of the National Academy of Sciences of the USA*, 84 (8) : 2363-2367.

Lander E S, et al. 2001. Initial sequencing and analysis of the human genome. *Nature*, 409 (6822) : 860-921.

埃里克·兰德

埃里克·兰德是人类基因组计划的主要领导人。他在理论与实践方面均做出了奠基性的贡献,使得人类基因组序列的解序成为可能。当时,基因组学仍处在萌芽阶段,而他则是参与学科建立的先驱人物。

埃里克的专业是数学,在牛津大学取得博士学位,其间曾因高等代数方向的论文当选罗德学者(Rhodes Scholar)*。在哈佛商学院教授经济管理期间,他开始对遗传学产生兴趣。他接触到了与使用 DNA 多态性进行人类基因定位相关的数学问题。这个想法早在 1980 年就已被提出,但很快人们就清楚地认识到,这项研究需要数学和计算机方面的大量知识,而这些难题尚未得到很好的解决。在 20 世纪 80 年代末的一系列文章中,埃里克(有时还有合作者,如菲利普·格林、迈克尔·沃特曼及本人)介绍了基因组图谱绘制和测序方法的基本算法以及计算实现方式。

埃里克在基因组学方面的贡献最终远远超出数学领域。他成为在开发基因组图谱和解序技术,尤其是可控制自动化方法方面的领军人物。他很早就认识到业内对小鼠完整基因组序列的需求,为此,他的团队绘制了高分辨率的遗传图谱。埃里克带领人们认识了人类基因变异的重要性,并开创了今天常用的利用单核苷酸多态性研究人类疾病,特别是非单一基因引起的常见疾病的实验室方法和分析方案。DNA 测序方法在司法领域中,尤其是在为被

---

* 罗德奖学金是一个于 1902 年设立的国际性研究生奖学金项目,每年挑选各国已完成本科的青年精英。得奖者称为罗德学人或罗德学者,前往牛津大学再度深造。被多个公众媒体誉为"世界最久负盛名的奖学金项目",也享有"全球本科生诺贝尔奖"的美誉。(编译者注)

误判者翻案提供物证方面的应用取得了长足进步，在这一点上，埃里克发挥了重要的推动作用，并提供了专业指导。

1986年，埃里克到了麻省理工学院，并创立国家卫生研究院下属的最大基因组中心——怀特黑德研究中心。为帮助人们更好地认识基因组解序的价值及其在生物学和医学领域应用上的前景，埃里克奔走疾呼，成效卓著。此外，他还是2001年发表于《自然》杂志上的人类基因组序列草图文章的第一作者。2004年，埃里克成为麻省理工学院和哈佛大学的博德研究所的创始主任。在这个岗位上，埃里克仍继续在利用DNA解序理解人类生物学、演化与疾病方面发挥着世界性的引领作用。

戴维·博特斯坦　撰文

戴维·李普曼

戴维·李普曼（David J. Lipman）的二三事

除了基因组学的核心技术——测序之外，与之相辅相成的生物信息学贡献巨大。原版书编著者也有这样的体会和用意。戴维的第一个重要贡献便是序列文库的大规模、综合性、高效率的搜索软件的开发，也包括我当年使用得最多的心爱软件——局部比对算法工具（BLAST）。而戴维负责的美国国家生物技术信息中心，已成为基因组学所有领域研究者须臾不可离开的知识宝库。

而今天，基于大数据的人工智能综合分析，更已成为基因组学的主流和发展趋势。

代表论文

Lipman D J & Pearson W R. 1985. Rapid and sensitive protein similarity searches. *Science*, 227 (4693) : 1435-1441.

Altschul S F, ... , Lipman D J, et al. 1997. Gapped BLAST and PSI-BLAST: A new generation of protein database search programs. *Nucleic Acids Research*, 25 (17) : 3389-3402.

戴维·李普曼

如今，基因组解序在许多的生物医学研究中发挥着至关重要的作用。然而，如果没有对基因组序列进行解读和方便获取的方法，它们仍将被束之高阁。这些方法的开发，戴维·李普曼功不可没。

从20世纪80年代开始，戴维便和他的同事开发了一系列日趋高效的软件 [包括比对搜索工具（FASTA）、局部比对算法工具及后续软件]，用以寻找DNA和蛋白质序列中的演化关系。这些关系为注释新序列的细胞功能提供了最初且往往最为重要的线索。尤其是结合了高效算法、精确统计和可通过远程服务器便捷使用等特点的局部比对算法工具，对分子生物学家处理序列数据的方式产生了巨大影响。它迅速成为迄今为止应用最为广泛的计算生物学软件；并且，作为一项注释DNA信息的工具，其重要性堪与获得DNA序列的自动化测序仪相媲美。

1989年，戴维成为国家生物技术信息中心的创始主任。国家生物技术信息中心是美国DNA序列及其相关信息的首要管理机构；除此之外，该机构还承担了其他重要任务。那时，序列及其相关数据的数量和类型产生的巨大变化正在改变着分子生物学。因而，戴维身处科学界的一个重要纽带机构，需要与不同领域的人士（在此仅提及一些较有话题性的对象）保持联系和互动，包括渴望更好地分析和访问数据却常常拿不出序列的研究人员、力推其他数据管理制度的计算机科学家、反对政府提供免费服务的私营软件厂商，以及在开展人类基因组计划中遇到的公有或私有领域的竞争者等。处理诸如此类事务需要强大的意志力、高超的智慧，以及能精准区分轻重缓急的敏锐直觉。很难想象，除了戴维之外还有谁能胜任这一角色。

在戴维任职期间，测序数据总量及其使用量都大大增加（国家生物技术信息中心目前每天有大约 400 万用户访问）。与此同时，他主导了几个重大项目以增加对生物医学文献（PubMed 数据库和 PubMed 中心）的访问量，并建立了一个重要的研究部门以开发和应用序列分析方法（特别是与比较基因组学和分子演化相关的方向）。不知戴维是怎么做到的？他不仅能处理好前述的所有工作，并据此推动了整个国家生物技术信息中心的成长，同时还能积极参与特定的研究项目（无论是与国家生物技术信息中心内部还是外部人员的合作），并依然对科学问题满怀热情。

菲利普·格林　撰文

伊莱恩·马尔迪斯

伊莱恩·马尔迪斯（Elaine Mardis）的二三事

伊莱恩是人类基因组计划协作组一位年轻的女将。她聪明能干，性格开朗，善于表达。在人类基因组计划运作期间，总是看到她跟在"老板"理查德·威尔逊后头，表达的似乎也是相似的意见。但时过几年，她几次担任冷泉港基因组的生物学年会的主席，真是"士别三日，当刮目相看"！她从攻读博士学位之时便投身基因组学，在测序、信息处理和临床基因组学，以及其他动物的基因组研究方面都有重要建树。

代表论文

Skaletsky H, ..., Mardis E, et al. 2003. The male-specific region of the human Y chromosome is a mosaic of discrete sequence classes. *Nature*, 423 (6942) : 825-837.

Ley T J, Mardis E, et al. 2008. DNA sequencing of a cytogenetically normal acute myeloid leukaemia genome. *Nature*, 456 (7218) : 66-72.

伊莱恩·马尔迪斯

伊莱恩·马尔迪斯于 1962 年 9 月 28 日出生在美国内布拉斯加州的北普拉特，父母是博伊德和简·金特里。她从小便立志成为医生或者科学家。这得益于她父亲（一位高中和社区大学化学教师）的谆谆教导，同时也受她就读公立学校时几位老师的影响。在俄克拉荷马大学（OU）读本科期间，她师从杰拉尔德·布拉韦尔，专注于果蝇遗传学，并获得了动物学学士学位。之后，伊莱恩选择留校深造，并加入了我的实验室，于 1989 年获得了化学与生物化学博士学位。在题为 Automated Methods for DNA Isolation and Sequencing, and their Implementation（DNA 分离和测序及其应用的自动化方法）的博士论文中，伊莱恩介绍了自己具有开创意义的工作：在基因组测序背景下将机器人技术和分子生物学方法相结合。毕业后，伊莱恩加入伯乐（Bio-Rad）实验室，继续从事加速基因组测序的相关技术组件开发工作。

1993 年，应她读博期间结识的理查德·威尔逊所邀，伊莱恩加入华盛顿大学基因组测序中心（GSC），担任技术研发负责人。在华盛顿大学，她依然致力于最新测序和机器人技术的研发和应用工作，这些技术加快了秀丽隐杆线虫基因组大规模解序的进度。在此期间，伊莱恩成功组建了一支独一无二、涵盖各学科人才的团队，包括机械工程师、计算机程序员、分子生物学家及酶工程专家。因在教学和科研工作中的出色表现，她很快从讲师晋升为华盛顿大学全职教授，并被任命为基因组测序中心联合主任。与此同时，基因组测序中心作为主要参与方加入了人类基因组计划，负责细菌人工染色体基因组组装大片段图谱的构建，产出占总数据量20%的数据，同时完成了人类2号、4号、7号和Y染色体的解序任务。随后，伊莱恩又投身于小鼠、大鼠、家鸡、黑猩猩、长臂猿、恒河猴等物种的基因组解序工作之中。

在研究下一代测序（NGS）仪器时，伊莱恩和理查德发现来自同一个体身上的正常细胞及癌细胞基因组序列存在差异，并可通过下一代测序技术迅速识别。2008年，伊莱恩与蒂姆·利合作发表了第一篇基于下一代测序技术解析原发性急性髓系白血病全基因组突变图谱的文章。如今，这篇文章所采用的方法已被广泛应用于各类癌症检测并获得了许多癌症基因组的序列，包括与圣犹达儿童研究医院合作开展的上百种儿童癌症基因组的解析。

伊莱恩现已加入美国全国儿童医院，并与理查德共同创建了基因组医学研究所。在那里，通过和临床医师合作，他们利用当前最先进的全基因组、外显子组和转录组解序方法，并配合新的分析方法，继续进行其他儿童癌症基因组解序工作。这样一来，人们便能更迅速地获知癌症患者所对应的正常组织和肿瘤组织基因组序列信息，对癌症基因组的动态变化将会有深入的了解，为癌症治疗指明方向。

布鲁塞·罗　撰文

马尔科·马拉

马尔科·马拉（Marco Marra）的二三事

马尔科是罗伯特·沃特斯顿的干将，他们的实验室曾经是美国人类基因组计划的最大贡献者，而马尔科则是细菌人工染色体克隆和制备的最大贡献者。原版书中所提的"more than 300 000 human BAC fingerprints"就是指将30多万细菌人工染色体克隆一个一个以限制性内切核酸酶消化，再以计算机软件进行"指纹重叠分析"以大致确定它们的"重叠"关系，并将其中的"种子"克隆一一定位到染色体上的极其烦琐的工作。这一工作是人类基因组计划定位克隆鸟枪法中最为基础，也最为重要的基础性工作。除此之外，在当时默克公司为抵制"基因专利"支持公共研究而免费使用的几百万表达序列标签的历史事件中，马尔科也功不可没。

人类基因组计划中国卷使用的所有克隆，都是马尔科和他的团队提供的。饮水思源，马尔科，我们不会忘记你的辛劳和贡献！

代表论文

The *C. elegans* Sequencing Consortium. 1998. Genome sequence of the nematode *C. elegans*: A platform for investigating biology. *Science*, 282 (5396)：2012-2018.

Shah S P, ... , Marra M, et al. 2009. Mutational evolution and RNA editing in a lobular breast tumour profiled at single nucleotide resolution. *Nature*, 461 (7265)：809-813.

马尔科·马拉

马尔科·马拉于1994年加入华盛顿大学的罗伯特·沃特斯顿实验室，参与了一种线虫（*Caenorhabditis briggsae*）基因组的解序工作。他是一位善良、冷静、高度自律的青年研究员，进入实验室后不久即被聘为默克基因索引实验方面的负责人。由于一些私营公司试图垄断表达序列标签的开发权，1994年9月，默克公司转而资助华盛顿大学在公共领域中免费提供部分的人类基因序列，为基因组注释提供关键数据，以促进未来的科学发现。面对需要在1995年1月发布序列的巨大压力，马尔科系统地开发了高通量质粒制备方法，此法降低了成本，最终促使项目成功完成。在马尔科高瞻远瞩、潜心笃志的领导之下，1995年到1998年，默克公司、国家癌症研究所癌症基因组剖析计划和霍华德·休斯医学研究所的研究项目以接近人类极限的速度向公共数据库提交了来自200多个不同的cDNA文库的超过百万的人与小鼠的表达序列标签。

1996年，随着惠康基金会和国家卫生研究院资助人类基因组计划先导项目的开展，以及人类克隆测序需求的迅速增加，马尔科与罗伯特展开探讨，建议为人类基因组测序构建一个克隆供应系统。作为一名优秀的领导者，马尔科同时推动了信息学工具和实验技术的开发，包括开发高通量细菌人工染色体末端测序和样品制备方法，决定采用细菌人工染色体的完全限制性消化产物并改进指纹酶的选择。基于此，他开始组装拟南芥和人类等基因组的物理图谱。

为了回应1998年5月一家私人公司"将在3年内完成人类基因组测序"

的声明，作为一项公共计划的人类基因组计划全力加快工作进度。相应的，为了向华盛顿大学及其他团队提供克隆，马尔科团队的工作也提高到了无法想象的速度。令人惊讶的是，在接下来的一年里，他的小组制备了超过30万个人类细菌人工染色体"指纹"，并组装了人的全基因组物理图谱，为政府资助的人类基因组计划的组织工作提供了核心调度资源，使人类基因组计划得以统筹规划，按期完成。

马尔科对人类基因组计划的顺利完成起到了至关重要的作用。他已经成为一名基因组科学家，一边领导团队，一边培养新人。马尔科总会及时鼓励身边的人，不断为他人鼓劲，帮助他们取得更大进步，并仍以绅士而谦逊的姿态为加速科学发现而奋斗着。马尔科是一位不知疲倦的学者，他发表了将近400篇论文。目前他担任加拿大迈克·史密斯基因中心的主任一职；此外，他还是不列颠哥伦比亚大学医学遗传学系教授和系主任、加拿大基因组科学中心主席。他运用基因组学手段描绘癌症特征，助推个体化治疗方案的发展。

拉蒂娜·希利尔　撰文

理查德·麦康比

理查德·麦康比（W. Richard McCombie）的二三事

理查德本来是克雷格·文特尔手下的干将，在克雷格打算专利人类基因而大量"生产"表达序列标签时曾立下汗马功劳。他自20世纪90年代初期加入冷泉港实验室并负责测序实验室，对基因组学的发展做出了多方面的重要贡献。他所主持的冷泉港大规模基因组测序和分析培训班与基因组生物学年会，对基因组学的传播与测序技术的推广做出了重要贡献。我参观过他的实验室，与他相谈甚欢。

代表论文

Adams M D, … , McCombie W R, et al. 1991. Complementary DNA sequencing: Expressed sequence tags and human genome project. *Science*, 252 (5013)：1651-1656.

Hodges E, … , McCombie W R, et al. 2007. Genome-wide *in situ* exon capture for selective resequencing. *Nature Genetics*, 39 (12)：1522-1527.

理查德·麦康比

理查德·麦康比是冷泉港实验室及沃森生命科学学院（WSBS）的一名教授。同时，他还是冷泉港实验室的癌症遗传学项目负责人及斯坦利认知基因组学研究所所长。

理查德于 1977 年在瓦贝希学院获生物学学士学位，于 1982 年在密歇根大学获细胞和分子生物学博士学位。1982 年到 1986 年，理查德在得克萨斯大学奥斯汀分校做博士后研究。1986 年到 1988 年，理查德在飞利浦石油公司参与酵母基因表达领域的研究工作。

作为国家卫生研究院内克雷格·文特尔部门的高级成员，理查德是实施基因组 DNA 大规模自动化测序第一梯队中一个小组的负责人，帮助组织了首次表达序列标签大规模测序项目。1992 年，他加入冷泉港实验室，并于 2001 年晋升为教授。

理查德和实验室同事在人类基因组计划、大规模基因组测序及分析领域中都做出了许多具有重大意义的贡献。在整个 20 世纪 90 年代，这个小组作为重要的幕后智囊和资源，制订了对巨大且复杂的基因组进行规模化解序的策略。当时，在这个由初出茅庐的年轻人所组成的团队之中，他是颇具影响力的一位。同样，理查德也是索莱萨（后来的因美纳测序仪）最早的一批使用者。2007 年，在高通量测序技术应用初期，他和格雷格·汉农在冷泉港实验室合作开发外显子组测序技术，用以对基因组中的蛋白质编码区进行测序。理查德还参与组织策划了首个大规模基因组测序和分析的实践性培训班，在整个 20 世纪 90 年代，该培训班每年都会在冷泉港实验室如期举行。

1999年，他还对基因组生物学和技术进展（AGBT）年度会议的成功举办提供了帮助。

除了人类基因组，理查德和他的实验室同伴致力于拟南芥、裂殖酵母、水稻及小鼠的基因组解序。此外，理查德与冷泉港实验室同事罗伯特·马丁森一起，设计了一种基于DNA甲基化模式的方法，利用生物过滤手段富集植物基因并对其进行解序。最近，他的实验室专注于利用下一代测序方法，以及新一代的、长读长的测序仪开发植物基因组从头（de novo）组装的方法。

理查德·威尔逊　撰文

约翰·麦克弗森

约翰·麦克弗森（John D. McPherson）的二三事

我与约翰见过多次。与很多人类基因组计划的同事一样，他举止文雅，不善言辞。他众口皆碑的工作是最先主张并首先开始构建细菌人工染色体大片段文库，规模化地培养、挑选、纯化百万个单克隆并免费送给各个测序中心，这使包括中国在内的全球同行感激不已。在人类基因组计划协作组中，"打一枪换一个地方"的人首数约翰，他曾在3个国家5个中心工作过，而且都表现非凡，贡献突出。

代表论文

Weir B A, ... , McPherson J D, et al. 2007. Characterizing the cancer genome in lung adenocarcinoma. *Nature*, 450 (7171) : 893-898.

McPherson J D. 2014. A defining decade in DNA sequencing. *Nature Methods*, 11 (10) : 1003-1005.

约翰·麦克弗森

每个科研团队都需要这样的标杆：他们走在科学的前沿，并力求尽快完成任务。拥有约翰·麦克弗森这样杰出的榜样，实在是人类基因组计划的幸运。非常值得一提的是，约翰不但能激励团队成员以惊人速度和超高效率完成各自承担的那部分任务，他还具有在整个计划技术发展和产业化方面的前瞻性。

纵观约翰的职业道路，可谓在推动基因组学领域发展的过程之中不遗余力。1993 年，他刚完成博士后研究工作，便协助加利福尼亚大学欧文分校建立人类基因组学研究中心。该研究中心负责人类 5 号染色体的图谱绘制工作。此外，约翰还参与了许多与 5 号染色体相关的基因克隆工作，包括成功鉴定导致脊髓性肌萎缩的基因。

仅仅 3 年之后，约翰被圣路易斯华盛顿大学基因组测序中心聘任为联合主任，协助开发了许多领先的大规模图谱绘制和测序技术。他主导使用细菌人工染色体绘制小鼠和人类基因组物理图谱，也许这正是他对人类基因组计划最重要的贡献。2003 年，人类基因组计划成功完成后，约翰加入了第三家基因组测序中心 —— 位于休斯敦的贝勒医学院。在贝勒医学院，他将主要精力转向利用高通量测序技术研究人类疾病和基因组功能。

2007 年，约翰回到家乡加拿大，在多伦多安大略癌症研究所（OICR）指导癌症基因组学的研究工作。通过与国际癌症基因组协作组及其他方面的合作，他的团队专注于研究胰腺癌、前列腺癌和其他肿瘤的基因组学表征，并着眼于将高通量测序技术整合到临床诊断中。

为了追寻能最大限度发挥自身价值的机会，约翰新近回到了美国，加入美国加利福尼亚大学戴维斯分校（UC Davis）综合癌症中心，该机构日益重视基因组学研究。对于这次工作变动，约翰自己的说法是，安大略癌症研究所是一个没有患者的研究机构，而作为一名基础科学研究者，他的终极目标是将自己的基因组研究转化为一种更为精准的改善人类健康的手段。

因而，同我辈基因组学研究者一样，加利福尼亚大学戴维斯分校综合癌症中心的肿瘤患者很快会意识到：身边有一位像约翰这样"言必行，行必果"的榜样人物是一件多么棒的事情。

弗朗西斯·科林斯　撰文

迈克尔·摩根

迈克尔·摩根（Michael Morgan）的二三事

在剑桥郊外的桑格研究所里有一幢名为摩根的大楼。我曾问过那里的同事，这是约翰·摩根还是迈克尔·摩根，答案是肯定的：当然是迈克尔，以纪念他对桑格研究所的杰出贡献。而我再问迈克尔自己时，他的回答则是：都对。

这就是迈克尔。他总是那么谦逊，那么彬彬有礼，一个典型的英国绅士。而当面对他自己认为属于原则的问题时，他即成为一个勇敢的斗士。他力挽狂澜，在1998年的冷泉港会议上宣布英国将承担三分之一的人类基因组计划任务，压倒了对方的气焰，挽救了国际合作的人类基因组计划。完全可以说，如果没有迈克尔的勇敢（冷泉港会场）和智慧（在会议前两天内说服了惠康基金会），就没有划时代的人类基因组计划。

迈克尔是中国加入人类基因组计划最有力的支持者之一，也是力促联合国教育、科学及文化组织（UNESCO）支持人类基因组计划数据分享的建议者。他代表惠康基金会和桑格研究所给华大基因捐赠的34台新型测序仪，为我们的家鸡、家猪等大型基因组的测序提供了最及时、最有力的支持。

我还清楚地记得他就此事写给我的第一封电子邮件，大意为："Henry（焕明），现在可以告诉你了，我们打算送给你们34台测序仪，当然是新的，还有足够一年使用的试剂，但空运太贵。今天，我给你们解决了从伦敦到北京的航空运费，才写信告诉你，请准备接收。"这真使我感激不已。

我曾多次与他长谈。有一次他特地邀我去伦敦城里的一家酒吧，刻意让我体验那种英伦气氛。一次我乘坐他的车去他家，尽管也是伦敦的一般住宅，但第一次看到车子在电梯里一直开到他家门口，我犹如刘姥姥进了大观园一样！

代表论文

Waterston R H, ... , Morgan M, et al. 2002. Initial sequencing and comparative analysis of the mouse genome. *Nature*, 420 (6915)：520-562.

Collins F S, ... , Morgan M, et al. 2003. The Human Genome Project: Lessons from large-scale biology. *Science*, 300 (5617)：286-290.

迈克尔·摩根

迈克尔·摩根在惠康基金会任职 20 余年。在基金会工作之初,他便对基因组学发展做出了首个重要贡献。那时,在惠康基金会决定资助约翰·萨尔斯顿的秀丽隐杆线虫解序项目后,桑格中心成立了,迈克尔恰逢其时。此举旨在建立一个组织实体,因而迈克尔与约翰踏遍了剑桥郊区,试图找到一个合适的建设场地。否决了约翰找到的一个养鸡场之后,他们把地点选在了辛克斯顿的一个工业区里。他们对原有的建筑加以改造,同时还新建了一栋楼和一个会议中心。迈克尔掌控全局的能力出众,因而成为基因组园区的首席执行官,后来他还帮欧洲生物信息学研究所落户辛克斯顿。

在人类基因组计划史上最激动人心的时刻,迈克尔也许扮演了重要角色。那是 1988 年[*]基因组图谱绘制、测序,以及生物学会议召开前的几天,克雷格·文特尔和迈克尔·亨克皮勒宣布成立塞莱拉公司,并称该公司将先于公共计划完成人类基因组测序。向来热闹非凡的会议,其氛围激烈程度更是达到了顶峰,与会人员担忧美国共和党控制的国会或将置参与公共计划的众人心血于不顾,而将项目交给私人公司。克雷格建议各基因中心负责人应该将注意力转移到小鼠上,但紧张局势并未得到缓解。詹姆斯·沃森将这些情况电话告知了迈克尔,迈克尔那时正在乘出租车穿越伦敦城。早在基因组会议召开的同一天,迈克尔与约翰就参加了惠康基金资助者会议。两天后他俩赶到了这个风波中心——基因组会议现场。周五早上,他们在会议上高调宣布:惠康基金决定将对桑格中心以及人类基因组测序项目的资助翻倍,同时

---

[*] 1998 年。(编译者注)

惠康基金将竭尽全力阻止人类基因组计划的私有化。该消息宣布后，其影响力可想而知：那是一个神圣的时刻，极大地鼓舞了我们完成这个公共项目的信心。

在促成早期数据预公布达成共识方面，迈克尔同样也贡献巨大。那时，美国国家卫生研究院与美国能源部在将数据发给 DNA 序列数据库之前，会给研究人员 6 个月的宽限期，这种拖延已是常态。迈克尔与约翰却慷慨激昂地认为，人类基因组计划的测序数据应及早公布，然而塞莱拉公司和其他公司都强烈反对这样的行为。于是，迈克尔与约翰在中立地区百慕大召开了一个小型会议以研究解决方案。会议结束之后，参会人员达成共识，认为测序数据应当每日公布。这是一项非凡的成果，随后被资助机构所采纳，成为众所周知的"百慕大原则"。

迈克尔在打造协作组方面极富天赋，这一点可以在他的另外一个重要项目——单核苷酸多态性项目中得到充分的体现。迈克尔说服惠康基金会向该项目注资 1400 万美元，还让另外 10 个公司每个公司各投入 300 万美元，用于鉴定人类所有单核苷酸多态性位点，并将这些数据公布。到 2001 年为止，已有 140 万个单核苷酸多态性位点通过公共数据库免费发布。

与那些多年来被媒体头条所青睐的基因组科学家相比，迈克尔的名字并不为大众所熟知，然而，他们的成功都离不开迈克尔对人类基因组计划所做出的卓越贡献。

简·维特科夫斯基　撰文

尤金·迈尔斯

尤金·迈尔斯（Eugene W. Myers）的二三事

在人类基因组计划完成之后，我几次见到过"Gene"（他的昵称，正是他的一生从事的事业）。"那阵（人类基因）专利之争"硝烟已经过去，主张将人类基因组公有化还是私有化的双方又回到了畅谈科学的友好氛围。我们也一致认可尤金的杰出贡献。

我没有问过尤金对介绍他的这篇短文有什么观感，我也没有问过克雷格对全基因组乌枪法首次用于人类基因组在当时是否能完全成功有什么样的想法。至少克雷格曾当众认可，水稻基因组是第一个以毛细管测序仪完成的从头组装（以我们华大基因自己开发的RePS软件）的大型真核生物基因组；而熊猫基因组是第一个以更短的"下机序列"从头组装的"大规模平行高通量的测序技术"完成的大型哺乳动物基因组。

代表论文

ltschul S F, ... , Myers E W, et al. 1990. Basic local alignment search tool. *Journal of Molecular Biology*, 215 (3) : 403-410.

Weber J L & Myers E W. 1997. Human whole-genome shotgun sequencing. *Genome Research*, 7 (5) : 401-409.

尤金·迈尔斯

尤金·迈尔斯是世界最有名气的生物信息学家之一。他在加利福尼亚理工学院获得数学学士学位后，于 1975 年到 1981 年在科罗拉多大学计算机科学系攻读博士学位，之后于 1981 年在亚利桑那大学计算机科学系任职。尤金曾获得多项殊荣，包括于 2003 年当选为美国国家工程院院士。

1984 年，尤金在尝试解决 DNA 和蛋白质序列匹配模式问题时开始涉足计算生物学，最终开发出一个在数据库中搜索相似序列的亚线性算法，后经过启发而改造为局部比对算法工具。介绍此成果的论文在 1990 年发表后，便连续 5 年成为引用率最高的科学文章，目前已被引用 4.9 万次。与此同时，他还开创性地开发了一套用于近似匹配模式的算法，使用者可以利用此算法寻找相似的重复序列和微卫星序列，用于限制性图谱的比对，并解决了 DNA 序列分析中的一系列问题。

我深信利用鸟枪法对全基因组进行测序是可行的。1995 年，我和汉密尔顿·史密斯所在团队使用鸟枪法完成了流感嗜血杆菌（*Haemophilus influenzae*）这一大小为 180 万碱基对的细菌基因组的解序工作，并用当时还在攻读博士后的格兰杰·萨顿所写的程序对基因组序列成功地进行了组装。此研究成果发表于《科学》杂志，许多认为鸟枪法的序列组装极限长度仅为 15 万碱基对的研究者为之震惊。英雄所见略同，尤金也认为通过鸟枪法可以对人类基因组进行解序。1996 年，他试图发表模拟结果，以证明这个设想在理论上是可行的。当时大家并不认同他的看法，投稿多次被拒。1997 年，一份高度凝练的版本最终得以发表，与该文一同发表的，还有一篇菲利普·格林持相反意见的文章。

汉密尔顿和我在得知他的文章发表后异常兴奋，因为该文章似乎印证了我们的想法。1998年，在组建塞莱拉公司的时候，我首先募集的那批合作伙伴中就有尤金。我想邀请他主管算法团队，开发人类基因组的组装程序。作为测试项目，他们先着手组装了1.2亿碱基对的黑腹果蝇基因组。历时1年，敲下50万行代码之后，这个包括格兰杰在内的10人团队成功完成了黑腹果蝇的基因组组装，并在1999年10月发表了该成果。

人类基因组测序的竞赛随之拉开了帷幕。塞莱拉公司面临的最主要障碍是如何将测序能力提升30倍，以应对人类基因组测序的挑战（人类基因组约是黑腹果蝇基因组的30倍），而计算机储存容量和时间是切实存在的问题。经过2万CPU小时的运算，历时1个月后，首个人类基因组在2000年5月宣告组装完成。随后，经过一系列改进和完善，塞莱拉公司发表了人类基因组的第一个精细图，而人类基因组计划协作组直到2001年2月才得以完成此图。现在没人会对全基因组鸟枪法测序产生怀疑了，所有的全基因组都是通过这种方法解序的。虽然在塞莱拉公司的人类基因组测序项目中，不少人都贡献良多，但尤金厥功至伟。

克雷格·文特尔　撰文

理查德·迈尔斯

理查德·迈尔斯（Richard M. Myers）的二三事

理查德不善言谈，可他对人类基因组计划的贡献众口皆碑，他的南方口音对我来说听起来并不那么明显。我们都知道他对基因组学的多方面贡献，包括序列组装、突变检测、将辐射杂种细胞系用于物理图的绘制等。

代表论文

Myers R M, et al. 1985. Detection of single base substitutions in total genomic DNA. *Nature*, 313 (6002) : 495-498.

Cox D R, ... , Myers R M, et al. 1990. Radiation hybrid mapping: A somatic cell genetic method for constructing high-resolution maps of mammalian chromosomes. *Science*, 250 (4978) : 245-250.

理查德·迈尔斯

作为斯坦福人类基因组中心的主任，理查德·迈尔斯与美国能源部的联合基因组研究所（DOE/JGI）密切合作，在人类基因组计划的数据产生高峰阶段做出了直接的贡献。理查德的小组专注于解决下机序列组装中出现的错读和漏读问题，在将人类基因组计划打造为公认的高质量标准方面发挥了关键作用。理查德和人类基因组计划的其他几位主要参与者一样，所参与的批量数据产生工作与他主要的学术研究方向有些偏离。人类基因组计划之所以成功，正是因为有一群像理查德这样兼具不同技能又对该计划有着共同浓厚兴趣的科学家。在那几年里，他们往往较少顾及自己的主要研究方向，而是集中精力完成人类基因组计划的任务。

理查德的主要研究方向是基因表达调控和人类遗传疾病的分子机制。他最初与基因组学接触是在博士后研究工作期间。他与汤姆·马尼亚蒂斯合作，开发了一种检测突变的创新性方法，该方法避免了对每个疑似含有哪怕一个序列突变的DNA片段进行测序。要知道，对DNA进行测序在20世纪80年代不仅费时，而且成本高昂。运用他的这种方法，理查德转向人类基因调控区域的体外随机位置产生的突变，通过对突变基因的功能分析，绘制出蛋白质和控制其表达的基因之间相互作用的关键位点。重要的人类突变功能的定位和检测能力需要大大提高，这正是此项工作的重要性所在。由于人类基因组极为复杂，而每个基因组之间会存在数百万种天然变异，这是一项十分艰巨的任务。尤其是在与戴维·考克斯长期而富有成效的合作中，理查德贡献突出，他将自己与戴维开发的新方法应用于许多人类遗传疾病的分析工作。

　　特别值得一提的是，戴维和理查德成功改进了辐射杂种细胞系作图技术，使这项基于使用体细胞遗传学将人类基因组的随机子集整合到啮齿动物细胞系之中的技术变成强大的基因组制图工具。辐射杂种细胞系作图技术在改善人类基因组大片段物理图谱的连续性方面发挥了关键作用，并提升了序列本身的连续性。

　　理查德在美国亚拉巴马州长大，他首次接触学术研究是在塔斯卡卢萨的亚拉巴马大学。尽管曾在加利福尼亚大学伯克利分校、哈佛大学、加利福尼亚大学旧金山分校和斯坦福大学任职，但他仍保留着明显的南方口音。在斯坦福大学遗传系主任的任期结束后，他回到了家乡亚拉巴马州，成为位于亨茨维尔的哈德逊阿尔法生物技术研究所创始总裁和科学主任。在他的领导下，这个新建的研究所已成为一个充满活力的研究中心。在他自己的实验室里，理查德正继续围绕 DNA 序列、人类健康和人类疾病之间的相互作用进行不断的探索。

梅纳德·奥尔森　撰文

梅纳德·奥尔森

梅纳德·奥尔森（Maynard V. Olson）的二三事

梅纳德是众口皆碑的"百科全书"。他看上去沉默寡言，实际上经纶满腹。一次我曾与他长谈两天，从华盛顿大学的校园一直到他带我去的西雅图雪山公园。我还清楚地记得，在我们要分析熊猫基因组前征求他的意见（当时正在校园里漫步），他突然转身进了一家书店，买了一本《熊猫的拇指》送给我。也与悉尼·布伦纳一样，他对我的上百个问题应答如流，让我佩服得五体投地。

众所周知，梅纳德也是人类基因组计划的"大军师"。弗朗西斯·科林斯也对我说过很多好主意（如物理图的序列标签位点的标记等）都是他提出的。他以美国国家科学院国际研究理事会委员名义发表的两篇报告，提供了人类基因组计划和精准医学这两个具有划时代意义事件的理论和原则。

梅纳德对中国参与人类基因组计划的贡献居首，是他首先给我看了1988年冷泉港会议的纪要。而对中国基因组学贡献巨大的于军教授正是他的博士后和手下骨干。

1999年8月31日晚（接纳中国加入人类基因组计划的会议前夜），我在桑格研究所的大院子里见到弗朗西斯，他对我说，梅纳德已给他打了一个电话，会上将给我5分钟进行陈述和答辩，并祝我好运！

代表论文

Stover C K, ... , Olson M V, et al. 2000. Complete genome sequence of *Pseudomonas aeruginosa* PA01, an opportunistic pathogen. *Nature*, 406 (6799): 959-964.

Raymond C K, ... , Olson M V, et al. 2005. Targeted, haplotype-resolved resequencing of long segments of the human genome. *Genomics*, 86 (6) : 759-766.

梅纳德·奥尔森

基因组学这一领域兴起于20世纪80年代末，其快速发展得益于一群非同寻常、具有远见卓识的科学家的集体贡献。梅纳德·奥尔森正是这一群体的核心成员。

最初，梅纳德感兴趣的是化学而非生物学。因此，他在加利福尼亚理工学院攻读学士学位及在斯坦福大学攻读博士学位期间的专业都是化学。1970年到1975年，梅纳德在达特茅斯学院化学系取得第一份教职。不过这让当时的他略感焦虑，他正身处被他本人戏称为"轻度中年危机"的状态，又恰好对当时颇受争议的重组DNA相关遗传学的兴趣与日俱增。结合两方面的考虑，梅纳德来到了华盛顿大学本·霍尔遗传学实验室。待在这里的5年为梅纳德将研究方向转向遗传学和分子生物学提供了良机。

1979年，梅纳德在位于密苏里州的圣路易斯华盛顿大学担任副教授。在他看来，要理解基因组的结构和功能，"对整个基因组进行分析是至关重要的"。在这一观念的驱动下，他发起了一项研究计划，旨在绘制一个完整的酵母基因组限制图谱。然而，当时一些人并没有意识到这项"深不可测"的项目的科学价值。深植在梅纳德脑海中的远见正是他们所缺失的。到20世纪80年代中期，梅纳德已被公认为复杂基因组综合分析方面的权威专家。因此，当人类基因组计划切实开展战略规划之时，梅纳德不仅出席了会议，更是少数具有丰富专业知识和经验的专家之一，提出了不少建设性意见。同时，作为国家研究理事会的一员，梅纳德发挥了巨大的作用。该委员会所发布并于1988年出版的《人类基因组图谱和解序》为人类基因组计划启动提供了关键蓝图。

人类基因组计划早期所构建的人类基因组物理图谱主要依赖于梅纳德实验室的两项重要创新：一是利用酵母人工染色体分离和鉴别大片段的人类DNA；二是利用序列标签位点作为参考地标进行图谱组装。

人类基因组计划行将完成时，梅纳德已经到了位于西雅图的华盛顿大学。他的"万物基因组学"的指导思想仍在继续发挥重要作用，尤其是随着基因组学应用范围的扩展而持续地深入人心。在人类基因组计划执行期间及结束后的许多年里，一直有许多研究人员、机构和国家向梅纳德征询建议，而梅纳德在此期间所做的许多贡献也都得到了重视。1992年，他荣获美国遗传学学会奖章；1994年，他当选美国国家科学院院士；2002年，他获得格尔德纳基金会国际奖；2007年，他获得格鲁伯遗传学奖。此外，梅纳德在其他方面的重要贡献也非常值得一提：在他富有启发式的教导和影响下，数十名学生（以及其他同事）都受益匪浅，他们也同梅纳德一样持续地为基因组学这一年轻领域播种着希望。简言之，梅纳德本身贡献卓著，而经他指导、点拨和影响的研究者也为数众多，基因组学领域的方方面面都将永久留下梅纳德的印迹。

埃里克·格林　撰文

戴维·佩奇

戴维·佩奇（David C. Page）的二三事

我与戴维结缘，源于我在哥本哈根大学攻读博士学位之时。我与他为一篇有关人类Y染色体文章的共同作者。在我去怀特黑德研究中心拜访他时，他对Y染色体演化的观点至今令我难以忘怀。他对Y染色体有一种激情和钟爱。

他让我更为印象深刻的是，对纠正自己曾有过的学术观点处之淡然。他发现他所发现的ZFY基因并不决定人类性别之时，不但没有放弃，而且更坚定地继续Y染色体的深入研究。

我想，戴维是唯一一位被选入原版书的人——不是因为他对人类基因组计划的直接参与，而是因为他对人类基因组研究做出的重大贡献。

代表论文

Page D C, et al. 1987. The sex-determining region of the human Y chromosome encodes a finger protein. *Cell*, 51 (6) : 1091-1104.

Bellott D W, ... , Page D C, et al. 2014. Mammalian Y chromosomes retain widely expressed, dosage-sensitive regulators. *Nature*, 508 (7497) : 494-499.

戴维·佩奇

在 40 年的职业生涯中，戴维·佩奇执着地追寻着他自己的目标并开拓着一方科学水土，像他这般坚定的科学家并不多见。在早期研究中，他探索了性别之间的遗传差异，并将 Y 染色体作为自己的专攻领域。他在斯沃斯莫尔学院获学士学位，并于 1978 年加入哈佛医学院及哈佛大学与麻省理工学院联合开展的健康科学与技术项目，攻读医学博士学位。正是在这里，滋生了他对 Y 染色体的研究热情（在有些人看来堪称痴迷）。

1979 年，戴维就研究方向选择问题咨询了斯沃斯莫尔学院校友戴维·巴尔的摩的意见，巴尔的摩推荐了刚开始考虑做人类遗传学而非酵母遗传学的戴维·博特斯坦。博特斯坦又将佩奇推荐给雷·怀特，而怀特正是博特斯坦于 1980 年发表的那篇经典限制性片段长度多态性论文的合著者之一。在马萨诸塞大学（UMass）医学院怀特的实验室，戴维开始绘制限制性片段长度多态性图谱，并从马尼亚蒂斯基因组文库中分离出一个同时定位到 X 染色体和 Y 染色体上的限制性片段长度多态性标记。后来，怀特迁往犹他州，戴维回到了博特斯坦的实验室，并于 1984 年取得医学博士学位。随后，他加入了巴尔的摩刚刚创建的怀特黑德研究中心，成为怀特黑德研究中心的首位研究员。

1987 年，当人类基因组计划的第一场讨论正在开展时，戴维取得了一个对其职业生涯大有裨益的发现——Y 染色体上的一个性别决定基因 *ZFY*。然而，另一些与此不同的研究结果出现了——1990 年，彼得·古德费洛和罗宾·洛弗尔-巴杰找到了雄性决定基因 *SRY*。戴维承认自己被误导了，因为在关键 DNA 样本中还有另一个未曾发现的缺失。不过戴维并没有就此退缩，他决定继续研究 Y 染色体，而不仅仅限于 SRY 基因。这是一个大胆的举动，因为那时 Y 染色体曾一度被认为是基因荒漠，而 SRY 才是该染色体上唯一有意义的基因。

此后，戴维的研究内容均集中在与 Y 染色体和性别决定有关的领域。他的研究结果表明，认为 Y 染色体毫无研究价值的观念是十分错误的。他的实验室先后完成了人类 Y 染色体图谱的绘制和解序，又对黑猩猩、罗猴、恒河猴、小鼠、公牛和其他多个物种的 Y 染色体进行了解序。在这些研究的基础上，他开始探索 X 染色体和 Y 染色体的演化过程，解释了两条性染色体是如何从一对普通常染色体演化而来，以及 Y 染色体如何保留一组极为重要的调控全基因组的关键基因等问题。他领导的实验室的研究成果为性别分化的异常和生殖细胞发育的生物学原理提供了分子生物学解释。

戴维获得了许多荣誉，但他最引以为傲的或许还是"Y 染色体守护者"这一称号，捍卫了 Y 染色体并非注定要消失的观点。在电视节目上，尽管主持人斯蒂芬·科尔伯特根据 Y 染色体已经开始从基因池中消失的观点提出了 Y 染色体小于 X 染色体的假设，但戴维依然敢当着全世界公众公开为自己的观点辩护。

简·维特科夫斯基　撰文

阿里斯蒂斯·帕特里诺斯

阿里斯蒂斯·帕特里诺斯（Aristedes Patrinos）的二三事

阿里斯蒂斯（Ari 是他的昵称，阿里）是我的良师益友。回顾往事，中国申请参与人类基因组计划，就是因为我看到了人类基因组计划协作组的一份会议纪要，第一句便是他的话：人类基因组计划应该是，也永远是最广泛的国际合作！我从中看到的是，有这样的人、这样的话，我们的申请尽管不是胜券在握，也是"一个不能错过的良机"。

我对阿里的另一深刻印象，是他在华盛顿的一次会议上的表态。那时正值第一轮对非美国出生的科学家的歧视，他明确地说：这是不对的，我还是希腊人呢！

他对人类基因组计划至少有两个最重要的贡献：一是在早期美国能源部主导美国人类基因组计划时，他是最重要的人物之一；二是促成了2000年6月26日对人类基因组计划序列草图完成的庆祝会。这一天被载入史册，也正是在这一天全世界看到中国在这一国际合作计划中的参与和贡献，一段历史就这样开始了。

阿里曾多次访问中国，每次都给我们留下了鼓励、启发和警示。谢谢您，阿里！

代表论文

Collins F S, … , Patrinos A. 2003. The Human Genome Project: Lessons from large-scale biology. *Science*, 300 (5617) : 286-290.

Frazier M E, … , Patrinos A, et al. 2003. Realizing the potential of the genome revolution: The genomes to life program. *Science*, 300 (5617) : 290-293.

阿里斯蒂斯·帕特里诺斯

在我就职后不久，阿里斯蒂斯·帕特里诺斯便从布鲁克海文国家实验室借调到了美国能源部的健康与环境研究办公室（OHER）以支持我们的环境项目，我们一起度过了一段美好的时光。虽然我把大部分时间和精力都花在了启动人类基因组计划上，但我也在努力尝试将那些环境项目提升到新的高度，并与副国务卿会面，试图解释其重要性和复杂性。因此，我怀着极大的热情，期待着阿里（阿里斯蒂斯的昵称）在此领域担当领导重任，不过当时我丝毫没有意识到他的存在会是如此重要。

我很快便明白，阿里并非仅仅是一名普通的团队成员。除了在包括陆地学、海洋学以及大气学在内的环境科学方面具备领导才能，他也在不断地了解、研究人类基因组计划的情况及进展；此外，他还是一位成就斐然的科学家，这给了我一个感觉：此人值得重用。几年后，当健康与环境研究办公室物色主管之时，我接到了一位来自《科学》杂志记者的电话。记者起初猜测下一位主管会是有遗传学背景的人，我趁这个机会告诉他，健康与环境研究办公室的大部分研究内容都与环境科学有关。在我离开能源部时，我自认为在环境项目上做得并不够，因此在那次电话里，我表示希望美国能源部可以任命一位能认识到基因组学重要性的环境科学家作为领导。事实证明，阿里是最恰当的人选。他一头扎进了基因组学领域，这个对他而言是极为复杂且政治意味渐浓的领域。在这个领域里，至少是在最初的时候，他并没有什么专业知识，但他上任后确实不负众托。

华盛顿和其他大多数地方一样，人的个性类型或多或少呈现出一种正态分布，尽管可能存在轻微的两极化（这里的两极化是分布特征，并非人的个性两极化）。一个极端的人格类型是像推土机那样的人格，总是将个人意图强行填压到他们的计划或议事日程中；另一个极端的人格类型是像面面俱到的交际高手那样精湛地掌控节奏，以使自己的辞令和上司步调一致，从而引起共鸣。总的来说，后者总是左右时局的人，尽管他们行事低调，并不像那些嗓门大、爱嚷嚷的人那样受到关注。

阿里正是后者中的典型。作为一个卓越的管理者，他具备出色的能力，能够与各个层级的官员进行细致而高效的互动。其中一个典型的事例便是阿里把弗朗西斯·科林斯和克雷格·文特尔召到了一起，说服两人就人类基因组序列草图的完成发表联合声明。这个事例也充分体现出了他在各界人士中所得到的认可。他历来荣誉不断，曾两度获得美国能源部金质奖章，三度获得总统级荣誉奖，还获得了国家科学环境委员会终身成就奖。他对部门的生物和环境研究项目的贡献，以及对该部门和国家的贡献，都卓越非凡。阿里不仅能如此有效地将美国能源部的健康与环境研究办公室提升到新的高度，同时还是一名优秀的足球运动员和出色的音乐家，这也许并非巧合。他兼具感性与好胜心，这点是很罕见的，我们都从他身上收益颇丰。

查尔斯·德利西　撰文

布鲁塞·罗

布鲁塞·罗（Bruce A. Roe）的二三事

我没有见过布鲁塞本人，但是他参与开发的M13噬菌体桑格测序法是我第一次看到的测序体系。我对这一方法制备单链DNA分子的巧妙深为佩服。他之所以被列为原版书人物，一是他自己作为科学家对测序技术发明和推广做出了贡献；二是他作为教育家，桃李满天下。

代表论文

Budarf M L, ... , Roe B A, et al. 1995. Cloning a balanced translocation associated with DiGeorge syndrome and identification of a disrupted candidate gene. *Nature Genetics*, 10 (3) : 269-278.

Dunham I, ... , Roe B A, et al. 1999. The DNA sequence of human chromosome 22. *Nature*, 402 (6761) : 489-495.

布鲁塞·罗

布鲁塞·罗是一位美国生化学家，在分子生物学和 DNA 测序技术方面贡献突出，在基因组学的发展过程中起到了不可或缺的作用。不幸的是，他已于 2017 年去世。在他的研究与教育生涯中，共培养了 40 位博士生，其中很多人都对该领域做出了突出的贡献。

布鲁塞 1942 年出生于纽约市，在新泽西州及纽约新海德公园度过了青少年时代，并于 1959 年毕业于新海德公园的一所高中。1963 年，他在霍普学院获学士学位；1970 年，在西密歇根大学获博士学位。他的毕业论文描述了一种从嗜热脂肪芽孢杆菌中分离出的新型 DNA 聚合酶。在 20 世纪 90 年代早期，这个酶被伯乐公司商业化，用作一种高温 DNA 测序聚合酶来处理桑格测序中的高 GC 序列。

在早期学术生涯中，布鲁塞曾任肯特州立大学教员，其研究聚焦于 tRNA 的氨酰化、结构及功能。在此期间，他开发了单链核酸的纯化方法并应用了新的双向 RNA 测序方法。他在学术休假年期间（1978 年到 1979 年）把这些技术带到了弗雷德里克·桑格实验室的分子生物学实验室。在桑格实验室，布鲁塞和乔基姆·梅辛合作开发了 M13 噬菌体在大肠杆菌中的克隆方法，并熟练掌握了双脱氧链终止法。他把这些专业知识又带回了在肯特州立大学的实验室，并于 1981 年前往俄克拉荷马大学履新，开始将他的研究转向 DNA 测序应用的开发方面。布鲁塞的实验室研究小组可能是全美国首个应用并改进桑格双脱氧 DNA 放射和荧光测序的研究小组。

布鲁塞留给科学界的遗产很多，其科研成果被很多顶级期刊收录，其科学精神被他所培养的早期基因组科学家，包括陈奕雄、斯蒂芬妮·奇索、理查德·威尔逊以及我本人所继承。布鲁塞曾和国家癌症研究所的艾拉·帕斯坦一起解序了一些癌症基因，也和费城儿童医院（CHOP）的贝弗利·伊曼纽尔合作解序了一些人类疾病基因。在分析人类疾病基因的基础之上，他的实验室还为人类22号染色体的组装和注释完成做出了重要贡献。

伊莱恩·马尔迪斯　撰文

简·罗杰斯

简·罗杰斯 (Jane Rogers) 的二三事

简可是我们多年的好朋友！

简是人类基因组计划中的第一号女将，她说话直率，恰如其分，得到了大家的尊敬，她一直是约翰·萨尔斯顿的得力助手，是我见到过的既有科学功底，又有管理能力的女士。她是一位典型的英国女士，温文尔雅，但走起路来还是美国女士的那种劲头。她几次应邀访华，并数次在国际基因组学大会上做报告。我相信在桑格研究所从起始到辉煌的过程中，简都功不可没。

几年前她离开桑格研究所之后，我们的联系不像以前那样多了。祝简在新的岗位上再创辉煌。

代表论文

International Wheat Genome Sequencing Consortium. 2014. A chromosome-based draft sequence of the hexaploid bread wheat (*Triticum aestivum*) genome. *Science*, 345 (6194) : 1251788.

International Human Genome Sequencing Consortium. 2001. Initial sequencing and analysis of the human genome. *Nature*, 409 (6822) : 860-921.

简·罗杰斯

　　1992年初，剑桥医学研究理事会分子生物学实验室与罗伯特·沃特斯顿所在的圣路易斯实验室合作，对秀丽隐杆线虫基因组进行解序。当时荧光测序仪已应用到该项目之中（虽然应用规模并不大），而人类基因组计划尚处于初期阶段。尽管如此，分子生物学实验室并不是势在必行且规模日渐扩大的 DNA 测序的理想之处。无论如何，惠康基金会和医学研究理事会还是决定出资在剑桥以南 10 英里*处的辛克斯顿建立了桑格研究所。他们清晰地意识到领导者最好是一位有计划和组织能力的人，而非一群激情满满但有点无政府主义（尽管这是分子生物学实验室最好的传统之一）、只顾埋头搞研究的科学家。简·罗杰斯正是最合适的人选。

　　简曾在荷兰乌得勒支大学和剑桥大学作为生物化学家从事膜生物学和细胞内信号转导方面的研究工作。1990年，作为科学管理员，她加入了伦敦的医学研究理事会。不过，她想要在离剑桥的家更近的地方工作，而不想耗费时间在往返伦敦的路上。所以，一天晚上，我和约翰·萨尔斯顿与她长谈，成功地说服她成为初创的桑格中心（后来的桑格研究所）的科学管理员，以及测序项目部的负责人。她之后开玩笑说，之所以会接受邀请，是因为那晚喝了太多雪莉酒。

　　简拥有充沛的精力、务实的作风、优良的学术背景和行政经验。这些对在辛克斯顿的一栋旧实验楼大厅中搭建第一个大规模测序平台，以及接下来的新实验室规划和落地起着至关重要的作用。

＊1 英里 = 1.609 344 千米。（编译者注）

作为桑格研究所人类基因组计划的项目经理，简在1998年扮演了重要角色：她说服惠康基金会资助了至少三分之一的人类基因组测序任务。正是在这一资助的直接助力下，公共领域、开放共享的人类基因组计划才能在当年于冷泉港实验室会议上受到商业利益威胁时得以延续。

在见证桑格研究所第三个人类基因组序列和其他基因组测序项目（包括小鼠和斑马鱼）完成后，简成为位于诺里奇的英国基因组分析中心（TGAC）的首位主任。该中心的主要任务是推动重要植物和农作物的基因组学研究。她带领国际小麦基因组测序协作组完成了第一个小麦基因组序列草图的绘制工作。她离开基因组分析中心后，依旧与该协作组合作完成了小麦参考序列的测序工作。

艾伦·库森　撰文

爱德华·鲁宾

爱德华·鲁宾（Edward M. Rubin）的二三事

美国能源部联合基因组研究所为人类基因组计划做出了近 10% 的贡献，此后对微生物基因组的巨大贡献，则应归功于这位所长爱德华。他与埃里克·格林及梅纳德·奥尔森于 2017 年发表的《DNA 测序的未来》一文，曾引起我的强烈共鸣，并将其制成 PPT 在很多会议上转载引用。我在好几次会议上见到过他，也在他几次访问中国时与他深谈。他的睿智、多才给我留下了深刻的印象。

人类基因组计划真是人才辈出！

代表论文

Woyke T & Rubin E M. 2014. Searching for new branches on the tree of life. *Science*, 346 (6210) : 698-699.

Green E D, Rubin E M, Olson M V. 2017. The future of DNA sequencing. *Nature*, 550 (5133) : 179-181.

爱德华·鲁宾

由特雷弗·霍金斯和埃尔伯特·布兰斯科姆创建的美国能源部联合基因组研究所是兼具前沿技术和高水平测序能力的大规模解序机构。在这两人离任后，爱德华·鲁宾于2002年继任所长。因为当时人类基因组计划即将完成，而联合基因组研究所的长远发展前景并不明朗，所以爱德华最初是以过渡人选的身份暂代所长一职。但他很快就找准了发展方向，成为常务所长，领导联合基因组研究所长达14年。在此期间，他将联合基因组研究所打造成一个为多领域科学家提供服务的大型科研机构，同时也在能源部科研项目的优先级评定中起着主导作用。

在加入联合基因组研究所之前，爱德华是劳伦斯·伯克利国家实验室（LBNL）的研究员。利用日益精密的基因工程技术和基于测序的技术，他开发了研究孟德尔定律和复杂疾病的小鼠模型，以探究其遗传及生化机制。这让他敏锐地意识到模式系统的重要性、比较研究方法的实用性，以及理解基因活动（而不仅仅是测序）的必要性。在领导联合基因组研究所向人类基因组研究转型的过程中，爱德华坚持以一流的科研作为决策过程的核心。他为联合基因组研究所确立的发展理念是：建立集新技术集群、大规模测序能力，以及科研机构、政府、产业科学家等多方广泛的信息资源于一身的基因组"用户设施"，以期对植物、真菌、微生物、微生物组群进行开创性基因组研究和详细的功能注释。爱德华认识到比较基因组学在研究物种演化方面的价值，这将他引向了包括洞熊（cave bear）和尼安德特人在内的古代基因组DNA研究方向，也为此做出了重大的贡献。

众所周知,爱德华的名言是"没人会给你指明道路"。在基因组时代,对于科学研究,他寄厚望于严谨的思维能力,也认同团队协作的重要性。纵观其职业生涯,爱德华非常重视教书育人,他的很多学生及博士后也成为基因组学界的翘楚。爱德华不仅是一名冲浪发烧友,还热衷于探险活动——他对这个世界的好奇已不仅仅局限于科学探索的范畴。

马克·亚当斯　撰文

杰拉尔德·鲁宾

杰拉尔德·鲁宾（Gerald M. Rubin）的二三事

我只是在会议上见过杰拉尔德，但从未与他深谈过。我知道克雷格·文特尔等于2000年2月发表的果蝇基因组序列的文章，他是最重要的贡献者之一。之后，他便去了塞莱拉公司，似乎再未有重大建树。我们赞成原版书编著者的用意，对于他在人类基因组研究中的贡献，应该给予充分肯定。

代表论文

Rubin G M & Spradling A C. 1982. Genetic transformation of *Drosophila* with transposable element vectors. *Science*, 218 (4570)：348-353.

Zdobnov E M, ... , Rubin G M, et al. 2002. Comparative genome and proteome analysis of *Anopheles gambiae* and *Drosophila melanogaster*. *Science*, 298 (5591)：149-159.

杰拉尔德·鲁宾

杰拉尔德·鲁宾从剑桥大学获博士学位之后，便以博士后的身份进入斯坦福大学的戴维·霍格内斯实验室，开始从事黑腹果蝇相关的研究工作。在整个研究生涯中，他开发和使用了诸多先进的基因工程和分子生物学工具，进行基因组结构及其发育过程中功能演化方面的研究。例如，在1982年，杰拉尔德和艾伦·斯普拉德林便描述了一种通过转座子构建转基因果蝇的方法，这是对多细胞真核生物基因工程的首次描述。

在哈佛医学院和华盛顿卡耐基研究所短暂供职之后，杰拉尔德在1983年以麦克阿瑟荣誉遗传学教授的身份进入加利福尼亚大学伯克利分校。从1987年开始，杰拉尔德成为霍华德·休斯医学研究所研究员，并在此工作了13年。

1992年，在杰拉尔德的领导下，伯克利果蝇基因组计划（BDGP）开始构建含有大片段插入克隆的果蝇基因组物理图谱，为后面的基因组解序奠定了基础。到了1998年，多个克隆图谱已经完成，且有大约三分之一的基因组成功完成了解序。1998年5月，克雷格·文特尔宣布成立塞莱拉公司，旨在通过全基因组鸟枪法加速人类基因组的解序进程。消息公布后不久，在冷泉港实验室的一次会议上，克雷格邀请杰拉尔德一起合作，将果蝇作为一个测试项目，用以开发新的基因组组装算法。鉴于克雷格在口头协议中承诺将公开最终测序结果，杰拉尔德接受了邀请。

1999年，随着果蝇基因组的测序在塞莱拉公司不断推进，一个发表果蝇注释基因组的计划应运而生。杰拉尔德和克雷格想要通过一场紧锣密鼓的会议，集众多果蝇研究领域的专家之力，对果蝇基因组进行解读并发表论文。于是，在1999年11月，这场"注释大聚会"在塞莱拉公司成功举行。约有36名顶尖科学家、生物信息专家和人数相当的塞莱拉公司员工一起，在两周内昼夜不停地解读果蝇基因组。最后的结果于2000年2月发表，取得了巨大的成功。由于对《科学》杂志一文做出的贡献，杰拉尔德因该篇论文获得了个人第二个美国科学促进会（AAAS）纽科姆·克利夫兰奖。随后伯克利果蝇基因组计划进一步推进并发表最终版的果蝇基因组序列，其中有许多额外的基因组资源对果蝇研究团队来说极具价值。

自2000年开始，杰拉尔德在霍华德·休斯医学研究所担任生物医学研究部的全职副主任。在这一职位上，他对研究所的内设项目——珍妮莉娅法姆研究学院的创建起到了很大的作用，并从2002年起担任其执行理事。目前他的研究已转移到细胞层面，致力于在单细胞及细胞回路水平对果蝇大脑的解剖学功能特性进行研究。

马克·亚当斯　撰文

坂木良之

坂木良之（Yoshiyuki Sakaki）的二三事

坂木良之是日本人类基因组计划的奠基者和主要领导人，日本3个中心对人类基因组计划做出了近7%的贡献。他是很多中国留学生的导师。他的诚实、谦虚在学生中被广为传颂。他很好客，我们之中很多人都到过他家，品尝过他夫人亲手制备的日式小吃；他很谦让，善解人意。他把人类基因组计划在亚洲第一次工作会议的机会让给了中国。他是六国政府领导人关于人类基因组计划声明的最初撰稿人。他多才多艺，能歌善舞。他曾多次访问中国，是中国基因组学界的好朋友。后来他去了日本的一个地方大学当了校长，继续他的科学家和教育家的双重生涯。

代表论文

Hattori M, …, Sakaki Y, et al. 2000. The DNA sequence of human chromosome 21. *Nature*, 405 (6784)：311-319.

Taylor T D, …, Sakaki Y, et al. 2006. Human chromosome 11 DNA sequence and analysis including novel gene identification. *Nature*, 440 (7083)：497-500.

坂木良之

坂木良之出生于 1942 年。他在东京大学获得生物化学博士学位，曾担任东京大学医学科学研究院人类基因组中心的负责人和日本理化学研究所基因组科学研究院负责人。2008 年到 2014 年，他还曾担任丰桥科学技术大学的校长，现在是东京大学的名誉教授。

在筹划日本人类基因组计划和国际人类基因组计划中，坂木良之均发挥了核心作用。1998 年，坂木良之首次参加第三届百慕大会议，并投身于国际科学事务。他的温和、幽默和聪明才智令他得以与德国同事的合作非常成功，并于 2000 年 5 月联合发表了 21 号染色体序列的文章。

坂木良之经常强调他并未获得日本政府的正式授权，因此只能代表日本基因组领域的科学家。显然，"越界"曾令他感到不安。不过，在引导日本政界和学术界同僚在"百慕大原则"下开展数据共享以及其他大规模的国际研究计划方面，他颇具影响力。在 2002 年冷泉港实验室召开的人类基因组计划会议上，坂木良之提出由人类基因组计划参与国的领导人共同宣布并祝贺人类基因组计划的完成。该草案于 2003 年在劳德代尔堡进行讨论，这些讨论间接促成了 2003 年 3 月*的克林顿和布莱尔宣言，以及 2003 年 10 月联合国教育、科学及文化组织人类基因组数据国际宣言。

坂木良之精通艺术和文化，为日本三沢地区的音乐文化也做出了卓越的贡献。值得一提的是，他于 2009 年在三沢市歌剧院参与了歌剧《卡门》

---

* 2003 年 4 月。（编译者注）

的演出，于 2013 年参与了歌剧《图兰朵》的演出。他之前经常担任三沢市市民合唱俱乐部的代表，并且一直是当地音乐文化界不可替代的人物之一。

迈克尔·摩根　撰文

弗雷德里克·桑格

弗雷德里克·桑格（Frederick Sanger）的二三事

非常遗憾，我没见过桑格先生本人。除读过他早期有关测序的论文，知道他两次都因对生物大分子测序的贡献荣获诺贝尔化学奖（第一次是胰岛素的氨基酸测序，第二次是DNA的核苷酸测序）之外，只是听大家——特别是悉尼·布伦纳，以及华裔科学家林重庆和那些在他实验室工作过的同事与学生对他的回忆和赞扬。

很多英国同事还告诉我，当桑格研究所成立前，大家经讨论都一致希望以"桑格"命名，但又担心由于他的谦逊而不会同意。出乎大家意料，桑格先生一口应允。上海的洪国藩先生曾在他的实验室工作过，并对桑格测序法做出很多重要改进，深得他的信赖和赞许。我第一次去桑格研究所时，英国同事告诉我：要学习测序，到上海找洪先生。

桑格先生堪称测序技术之父。今天测序的主要仪器，包括华大智造的仪器，还是基于他的双脱氧末端终止法测序（也称边合成边测序）（SBS）技术基本原理。

有的人走了，人们会永远怀念他。桑格先生就是这样一个人！

代表论文

Sanger F. 1947. Oxidation of insulin by performic acid. *Nature*, 160 (4061) : 295-296.

Sanger F & Coulson A R. 1975. A rapid method for determining sequences in DNA by primed synthesis with DNA polymerase. *Journal of Molecular Biology*, 94 (3) : 441-448.

弗雷德里克·桑格

弗雷德里克·桑格是一位声望卓著的科学家,曾两度获得诺贝尔奖。1958 年,他因胰岛素的氨基酸测序工作荣获诺贝尔化学奖;1980 年,因核苷酸的测序工作而再次与保罗·伯格和沃尔特·吉尔伯特共同获得诺贝尔化学奖。人类基因组计划采纳的正是桑格创立和改进的双脱氧链终止法,这也是测序的基本方法。

我首次遇见桑格是在 1954 年,那年他来牛津阿灵比俱乐部做一场演讲。当我们在卡文迪什实验室的研究团队与他们的生物化学实验室团队合并成为分子生物学实验室后,我开始对他有了更为深入的了解。我们同意成立一个由 3 部分构成的协作模式,第一部分由弗朗西斯·克里克负责;第二部分是结构部,由马克斯·佩鲁茨和约翰·肯德鲁负责;第三部分是蛋白质与核酸化学部,由桑格本人负责。他们要成立一个董事会,于是我们会面想选出一个主席。当时桑格已经获过一次诺贝尔奖,因此马克斯略微有点紧张。但是,当桑格被问是否要参选主席时,他回答:"不,我不做这种事。"桑格的语言表达总是简短而干脆,堪称大师,在被问及他的工作时,他总是谦称"在实验室里胡闹"。西摩·本泽曾告诉过我,桑格于 1954 年访问普渡大学时,西摩曾问他是否知道弗朗西斯,他回答"知道,那是个钟情于基因的家伙"。

桑格是剑桥国王学院的研究员。在我成为国王学院研究员的很多年后,一位学院的资深研究员不小心让我看到了桑格在 1958 年为我所写的推荐信,信上写道:"悉尼·布伦纳是一位优秀的科学家,可就是话太多。"

悉尼·布伦纳　撰文

汉密尔顿·史密斯

汉密尔顿·史密斯（Hamilton O. Smith）的二三事

每一家知名的高科技公司背后一定有一位杰出的科学家。汉密尔顿就是塞莱拉公司科研工作的幕后巨人。

好多人告诉我，塞莱拉公司的重要文章（特别是有关鸟枪法的）都是他出的主意，论文也大多是他执笔写的。他的另一重大贡献，当然是"最小基因组"与第一个人工细胞的设计和合成。

我仅在冷泉港的一次测序会议上见过汉密尔顿，并立即开始了长谈。我非常感谢他，尽管只是一面之缘，却欣然接受我的邀请为本书撰写了中文版序，从中不难看出他对中国基因组学界的赞许，以及对本书的浓厚兴趣和高度评价。

代表论文

Smith H O & Wilcox K W. 1970. A restriction enzyme from *Hemophilus influenzae*: I. purification and general properties. *Journal of Molecular Biology*, 51 (2) : 379-391.

Gibson D G, ... , Smith H O, et al. 2010. Creation of a bacterial cell controlled by a chemically synthesized genome. *Science*, 329 (5987) : 52-56.

汉密尔顿·史密斯

汉密尔顿·史密斯经常被大家称为哈姆。他和丹尼尔·那森斯以及沃纳·阿伯一道，在流感嗜血杆菌（*Haemophilus influenzae*）中发现了 II 型限制性内切核酸酶，并因此获 1978 年诺贝尔生理学或医学奖，获奖后他便马不停蹄地回到工作之中。可以肯定地说，哈姆很适合实验室的工作，也喜欢在走路闲聊时谈论科学。哈姆是一个难能可贵的人，他把对细微研究的执着，对实验室的无所不知，以及解决科学问题的开阔思维有机地结合到了一起。我能够看出他在做研究时对结果和过程都有着浓厚的兴趣。

哈姆在 1993 年于西班牙参加会议的时候遇到了克雷格·文特尔，当时基因组研究所刚成立不久。他们一拍即合，哈姆加入了基因组研究所的科学顾问委员会。1993 年秋天，在了解基因组研究所的测序能力后，哈姆提议由基因组研究所来对流感嗜血杆菌的基因组进行测序，那时流感嗜血杆菌也是哈姆在约翰斯·霍普金斯大学实验室的研究重点。哈姆几乎每天都会驾驶一辆巨大的白色凯迪拉克往返于巴尔的摩的街道。哈姆和基因组研究所团队一起建立了基因组水平的鸟枪法测序策略，专注于高质量测序、大的插入克隆片段末端测序，以及基因组完成阶段，最终实现了第一个自然生物体基因组的完整解序，并于 1995 年发表了研究成果。他一看到解序结果便开心不已——因为几乎在那一瞬间，这个成果彻底地解决了一个困扰他多年的关于 DNA 导入的问题。

在塞莱拉公司，哈姆是最早加入克雷格团队的人之一。他参与了测序方案的每一个环节，每天都和克雷格开会，在关注质量的同时逐步扩大操作规模，同时他坚信简捷高效的鸟枪法策略将在测序中很好地发挥作用。他提出的手工构建 DNA 文库的建议，对果蝇、人类、家鼠、大鼠基因组的测序起了关键作用，这对于鸟枪法测序应用在更为复杂的基因组中至关重要。

在 1995 年，基因组研究所解序了生殖支原体（*Mycoplasma genitalium*）的基因组，这个基因组编码了现存自然生物最小数目的基因。哈姆同克莱德·哈奇森一道开始对大量基因的未知功能十分痴迷，即使是这种最小基因组里面的基因。接下来的几年里，哈姆和克莱德及克雷格一起研发了一种新的基因工程方法，合成了首个控制细胞的人工染色体，并且创造了一个比生殖支原体基因组还要小、可在实验室操作的基因组。这种最小的细胞基因组被用来探究细胞和生命的最基本需求。

马克·亚当斯　撰文

林肯·斯坦

林肯·斯坦（Lincoln D. Stein）的二三事

林肯是人类基因组计划的后起之秀。我几乎没有听到过他在人类基因组计划会议上的发言，但我去冷泉港拜访他时，领教了他的口才。他对国际癌症基因组协作组数据分析方面的成就举世公认，特别是在泛癌全基因组分析（PCAWG）方面的贡献。他在冷泉港工作时，与华裔科学家张奇伟同为冷泉港生物信息学研究项目的主要负责人。而在负责国际癌症基因组协作组的这几年，更显示了他作为科学大咖的组织管理才能。林肯与人类基因组计划的好多年轻人一样，多才多艺，前途无量！

代表论文

Ware D H, ... , Stein L D, et al. 2002. Gramene, a tool for grass genomics. *Plant Physiology*, 130 (4) : 1606-1613.

International Cancer Genome Consortium. 2010. International network of cancer genome projects. *Nature*, 464 (7291) : 993-998.

林肯·斯坦

林肯·斯坦出生于 1960 年，1989 年通过 M.D.-Ph.D. 计划（美国一些医学院校提供的双学位培养计划）获哈佛医学院医学博士学位和哈佛大学细胞生物学博士学位。他的论文涉及曼氏血吸虫寄生体一个基因的克隆和解序，该基因与血吸虫从非寄生形态转变为感染形态有关。林肯在生物信息学领域成就斐然，而令他进入这个领域的却是一次机缘巧合。当时他的项目需要访问虚拟扩展网址（VAX）系统，由于花费太过高昂，于是他用自己的苹果电脑麦金塔系统编写了一套序列组装程序，顺利地解决了这个难题。这套程序也为林肯主导生物信息学发展奠定了坚实的基础。1989 年到 1992 年，林肯在布里格姆女子医院完成了解剖病理学实习，并在 1995 年到 1997 年，担任哈佛医学院布里格姆女子医院的病理科讲师。

我第一次见到林肯的时候，他正在麻省理工学院怀特黑德研究中心的基因组中心担任信息主管（1992 年到 1997 年），他对人类基因组计划的数据处理起到了举足轻重的作用。在那里，他编写了显示基因组数据的"CGI.pm"和"GD.pm"两个 Perl 模块。这两个模块的广泛应用，也是最早将 Perl 编程语言应用于生物信息学的实例。后来在冷泉港实验室的课程中，我从林肯那里学会了如何将 Perl 语言用于基因组研究。他是位非常出色的老师，并且始终是推动软件和数据资源的主要力量。他曾领导许多研究项目并做出了重要贡献，其中包括：反应、通路和生物互作过程的数据库，秀丽隐杆线虫模型基因组在线生物数据库，植物和模式植物物种比较基因组功能在线资源库，模式生物数据库，生物信息学 Perl 脚本模块，DNA 元件百科全书计划，基因组注释工具和人类基因组计划。

1997年，林肯在CuraGen公司短暂担任信息系统主管，1998年到2004年成为冷泉港实验室的教授。目前，他是安大略癌症研究所适应性肿瘤学的负责人。在那里，他利用自己在网络和基于通路分析方面的专业知识，鉴别多种癌症类型的驱动机制，寻找预后和预测性特征，以改善患者的治疗管理。林肯还是国际癌症基因组协作组的执行、科学指导、数据协调和管理委员会主席。此外，他还是泛癌全基因组分析项目的共同领导者，与众多科学家一同致力于2000多个癌症基因组的全面分析工作。

林肯毕生好学。为鼓励大家及时完成第二个国际癌症基因组协作组倡议，他承诺项目成功完成后会用六角琴演奏《船夫号子》给大家听——除非大家不让他这么做。

2014年，林肯当之无愧地被汤森路透社评为世界上最具影响力的科学家之一，并于2016年当选国际计算生物学会（ISCB）会员。

林肯在生物信息学、数据共享和癌症研究领域有着深远的影响。作为一位同事和朋友，无论是在学术上，还是在个人生活方面，他都让我受益良多。

约翰·麦克弗森　撰文

约翰·萨尔斯顿

约翰·萨尔斯顿（John Sulston）的二三事

第一次见到约翰，是1999年9月1日在桑格中心（现在的桑格研究所）那次接受中国加入人类基因组计划的会议上；第二次则是在辛克斯顿一个屋顶小室里的小型"双边"闭门会议上，讨论如何英中合作确保人类基因组计划的数据能供全球免费共享；而后则频频见面，特别是他曾应邀几次出席我们的国际基因组学大会并做主旨报告。他退休之后，我再去英国时，他都会特地到伦敦或桑格研究所来看我。

我在授课、报告中每次必用"生命是数据的"，并称之为基因组学的两大支柱或两个理念之一。我是在阅读他的巨著《共同的生命线》时看到这句话的，当时真有豁然开朗之感。另一最深刻的印象是他对保卫人类基因组的执着。他在退休后到曼彻斯特任教，还要我写一篇题为《支持曼彻斯特宣言》的文章。后来他把这篇文章发表在一个名为 Promithus 的哲学类杂志上。2016年1月2日，他还给我发过新年祝福。同年3月5日，他被诊断患上癌症，之后不到两个月就去世了，留下的遗言是不要有任何纪念活动。

我们永远怀念约翰！

代表论文

Sulston J & Brenner S. 1974. The DNA of *Caenorhabditis elegans*. *Genetics*, 77 (1) : 95-104.

The *C. elegans* Sequencing Consortium. 1998. Genome sequence of the nematode *C. elegans*: A platform for investigating biology. *Science*, 282 (5396): 2012-2018.

约翰·萨尔斯顿

1991年，坐在后花园躺椅上的约翰正陷入沉思，膝盖上放着一份关于秀丽隐杆线虫基因组DNA序列的文件。虽然测序仪已将这些碱基信息数字化，提供了纸质的数据，但是直接处理数据是必不可少的。由于设备商拒绝发布其他文件格式，唯一的选择是破解这些代码。当晚，约翰就解码了这份DNA序列。

这个小故事表明了约翰对待基因组学和科学的一贯方法。约翰在英国剑桥大学获得化学博士学位，在索尔克研究所与莱斯利·奥格尔一起完成博士后研究后便返回剑桥大学的分子生物学实验室，加入悉尼·布伦纳新成立的秀丽隐杆线虫研究小组。他发现秀丽隐杆线虫的成虫比新孵出的幼虫拥有更多的神经元，这与当时的主流观点相悖。他还发现子细胞在产生后几乎会立即死亡，于是创建了秀丽隐杆线虫的细胞程序性凋亡研究。约翰每天都待在实验室里，耗费了两年的时间，终于揭示了秀丽隐杆线虫完整的细胞发育谱系，这项工作使他荣获2002年的诺贝尔奖。

约翰进而转向研究这一领域的一个主要难题——分离出DNA中与秀丽隐杆线虫发育和行为有关的基因。他建议绘制出所有基因的图谱，这确实是一项艰巨的任务，但如果成功的话将会极大地加速生命科学研究进程。因为完成了这张物理图谱，约翰成为基因组学领域的创始人，与他齐名的还有独立完成酵母基因组图谱的梅纳德·奥尔森。

6年后，由约翰和我主导的秀丽隐杆线虫基因组图谱项目绘制完成，这为秀丽隐杆线虫的基因组研究铺平了道路。对1亿碱基对的基因组进行测序，这需要让DNA测序过程中的每一步都更加高效和自动化，约翰迎难而上。测序成本每两年下降一半，近似摩尔定律。1998年，秀丽隐杆线虫基因组图谱得以发表，这是首个多细胞动物最早、最大的基因组图谱。

秀丽隐杆线虫基因组图谱完成后，约翰加入了人类基因组计划。他成为桑格中心的创始人，尽管他志不在管理，但还是把桑格中心建成了一个强大的机构。桑格中心贡献了超过四分之一*的人类基因组参考序列，对其他基因组和人类变异研究也做出了重大贡献。

约翰致力于人类基因组计划的国际化。从一开始，他便是开放科学的坚定拥护者。在秀丽隐杆线虫基因组物理图谱发表前，他便借助于那时正蓬勃发展的互联网发布了秀丽隐杆线虫测序数据。基于秀丽隐杆线虫研究的经验，他与迈克尔·摩根一起说服人类基因组计划协作组成员采用"百慕大原则"。当商业利益威胁并限制人类基因组数据的共享时，约翰表示强烈反对并成为数据开放的坚定拥护者。

罗伯特·沃特斯顿　撰文

---

* 实际为近三分之一。（编译者注）

克雷格·文特尔

克雷格·文特尔 (J. Craig Venter) 的二三事

克雷格大名鼎鼎，毁誉参半。我第一次去美国基因组研究所时想要拜访他，他欣然应允，并带来了他的法律顾问与工作秘书。我抢先问了他4个问题，他都一一诚恳作答（尽管后来证明他有那么点言行不一。例如，一口否定塞莱拉发表的基因组序列就是他自己的），并为中国媒体报道转引自他的那句话至少致歉了4次，尽管用的是我熟悉的"美国式道歉"，但态度应该说还是诚恳的。他曾到访过华大基因（但明言不要报道）。他对我们的水稻、熊猫和第一个亚洲人的基因组序列组装表示了充分的肯定，对我们的从头组装软件赞赏有加。

他的一个惊人之举是大批量生产表达序列标签的专利，尽管他一口否认曾是他提出或坚持的，因为他自己也是"百慕大原则"的签署者；另一个重要贡献就是发表了第一个微生物的全基因组鸟枪法直接组装；还有一个大事件是首先突破第一个微生物基因组 Synthia 的设计和合成，以及两项没有"盖棺定论"的长寿和生物能源项目。

历史将会对他这样一位科学怪人做出恰如其分的全面评价。

代表论文

Venter J C, et al. 2001. The sequence of the human genome. *Science*, 291 (5507): 1304-1351.

Gibson D G, ... ,Venter J C, et al. 2010. Creation of a bacterial cell controlled by a chemically synthesized genome. *Science*, 329 (5987): 52-56.

克雷格·文特尔

　　克雷格·文特尔大器晚成！从其早年经历中很难预料到他后来在科学上能取得如此巨大的成就。他在加利福尼亚长大，学习成绩勉强及格，却热衷于冲浪，对于上什么大学都没有明确的目标。越南战争一打响，他便应征入伍加入了海军。在新兵智商测试中，克雷格获得了最高分。他选择进入医疗队，去了越南岘港的一家医院。在那里，他被日常所见的生离死别深深触动，开始重新考虑和规划自己的人生。1968 年退役后，他重拾学业，在加利福尼亚大学圣地亚哥分校生化学家那特·卡普兰的引导下，钟情于生物学研究。他对肾上腺素受体的研究得到了学术界的认可，这使他在 1976 年成为纽约州立大学布法罗分校的助理教授。随后，克雷格在学术上的发展进入快车道，1984 年进入国家卫生研究院，并担任受体生物化学部主任。

　　1987 年，克雷格刚得到应用生物系统公司首批生产的一台半自动 DNA 测序仪，便很快构思出通过随机的鸟枪法测序分析人类 cDNA 序列以快速发现基因的方法。这种表达序列标签鉴定方法被认为分散了人类基因组计划对基因组测序的关注，因此在初期受到了外界的批评。然而，当国家卫生研究院建议为他的表达序列标签申请专利时，随之而来的争议却吸引了风险投资者的注意，因此，1992 年人类基因组科学公司和克雷格自己的非营利性基因组研究所应运而生。在那里，他组建了一个有 26 台由应用生物系统公司提供的测序仪的实验基地，积累了数以万计的人类表达序列标签，并将结果发表在《自然》杂志的一期专刊上。1994 年到 1995 年，他将全基因组鸟枪法测序应用到基因组大小为 183 万碱基对的流感嗜血杆菌（*Haemophilus influenzae*）上，从而获得了首个完整的细菌基因组序列，这是微生物学史上的一个里程碑。随后，基因组研究所引领了微生物测序的革命。

1998年，克雷格的工作重心突然转向人类基因组计划。当时他去拜访应用生物系统公司的迈克尔·亨克皮勒，并参观了他们推出的新款全自动毛细管测序仪。不久之后，他便成立了塞莱拉公司，并购置了300台全自动毛细管测序仪，以工厂化规模对人类全基因组进行鸟枪法测序。在塞莱拉公司，克雷格首先将果蝇基因组测序作为人类基因组测序的试点项目。2000年6月，时任美国总统克林顿和英国首相布莱尔在白宫主持了人类基因组计划的庆祝仪式，克雷格和人类基因组计划的弗朗西斯·科林斯共同公布了人类基因组序列草图。

克雷格在2002年离开塞莱拉公司之后，又开辟了基因组学的3个全新研究领域。他透露，塞莱拉序列主要是他本人的基因组。随后，他还完成了自己的二倍体基因组测序。此外，克雷格还是一名出色的水手，他把自己的帆船改装成科学考察船，并前往世界各处航行，采集海洋中的微生物基因组样本。2003年，他招募并领导了一个合成生物学家的团队，在2010年制造了首个受控于化学合成基因组的"合成细菌"，并在2016年创造了首个最小细菌基因组。克雷格在研究领域的广泛性和多样性方面可谓是科学界的佼佼者。

汉密尔顿·史密斯　撰文

迈克尔·沃特曼

迈克尔·沃特曼（Michael S. Waterman）的二三事

我没有见过人类基因组计划的这一位无名英雄。但我和很多同事都知道"史密斯-沃特曼算法"的价值。与人类基因组计划中很多人一样，他也多才多艺，也许这是人类基因组计划参与者的共有特点（除我之外）。另一特点则是迈克尔比其他人更擅长于现在被称为"心灵鸡汤"的科普宣讲，真是能言善辩！

代表论文

Smith T F & Waterman M S. 1981. Identification of common molecular subsequences. *Journal of Molecular Biology*, 147 (1) : 195-197.

Zhang Y & Waterman M S. 2005. An Eulerian path approach to local multiple alignment for DNA sequences. *Proceedings of the National Academy of Sciences of the USA*, 102 (2) : 1285-1290.

迈克尔·沃特曼

1974 年在洛斯阿拉莫斯，我初次见到迈克尔·沃特曼。那时他作为访问学者，与斯塔尼斯拉夫·马尔钦·乌拉姆的门生就序列距离度量进行合作。斯塔尼斯拉夫作为氢弹之父以及当时著名的应用数学家，也是实验室中推动数学生物学的主要力量，他对于各种距离度量的相关研究都很感兴趣。

迈克尔广泛的兴趣给我留下了深刻印象（虽然很多年后，我才知道他不仅仅是一位数学家，同时还是位艺术家和作家，我这才真正意识到他的兴趣是多么广泛），因此，我认为他可能愿意尝试解决一个与他的研究领域稍有不同的难题，我和许多同事都认为他的参与将有助于我们更好地理解 RNA 结构的稳定性。我们的目标是开发一种利用碱基序列推测 RNA 二级结构自由能的算法，它能通过所谓的碱基对矩阵快捷地构建最佳路径，迈克尔随即对此倾注了满腔的热情。之后，我离开了迈克尔的实验室，接受了 20 世纪医学研究中心——国家卫生研究院的邀请，在那里我可以潜心研究我越来越感兴趣的免疫学。贝塞斯达和洛斯阿拉莫斯之间的距离为 2000 英里，在没有 Skype（一种网络电话）的情况下，这阻碍了迈克尔与我之间有可能的合作，更何况与我合作的另一些世界顶级免疫学家就在楼下。但是我们仍保持着联系。他把他的研究进展笔记发给了我，我一直保留着这些笔记，期望未来有一天将它们捐献给他的图书馆（我想他会健康长寿的）。几年后，他在《落基山数学杂志》上发表了一篇论文。虽然我一直在跟进迈克尔的工作，但是在这期间，我们并没有见过面。直到 20 世纪 80 年代早期，在"史密斯 – 沃特曼算法"问世后，我邀请他来国家卫生研究院演讲时，我们才再一次见面。

令人吃惊的是这几年他的变化。我在20世纪70年代中期遇到的年轻数学家迈克尔已然成为一名严谨的生物学家，并且正在成为他那一代最有影响力的计算生物学家之一。他没有迈出数学领域的大门便已跨入了生物学领域。几年后，当我在西奈山医学院担任系主任时，我试图把他招募过来。事实上，他是我想招募的第一人。虽然他拒绝了我的邀请，但他还是花了一个假期的时间来帮助我为该系设定一些重要的研究方向。

迈克尔的大部分青春时光是在俄勒冈州四英里河附近的一个与世隔绝、几乎没有任何书籍的小镇上度过的。然而从这里出发的迈克尔竟走过了一条漫长而曲折却又充满惊人成就的道路，其中最重要的就是开发了成就人类基因组计划的算法。

查尔斯·德利西　撰文

罗伯特·沃特斯顿

罗伯特·沃特斯顿 (Robert H. Waterston) 的二三事

罗伯特（Bob，鲍勃是他的昵称）是我的又一位良师益友。他是中国参与人类基因组计划的有力支持者之一，并和梅纳德·奥尔森应邀出席了 1999 年中国科学院遗传研究所（现为中国科学院遗传与发育生物学研究所）人类基因组中心的揭牌仪式。我几次到他家做客，一个深刻的印象则是他夫人把他家的小花园拾掇得像个迷你植物园。

让我至今记忆犹新的是，在 2000 年第一次参观他的测序中心（当时堪称人类基因组计划全球最大的中心）时，他陪了我们整整半天，给我们介绍所有仪器和技术的细节，以及他对华大基因的具体建议。累了就席地而坐歇一会儿。另外，因美纳、454、应用生物系统公司这 3 家"新一代"测序仪还在"中原逐鹿"之时，他用了至少半小时耐心给我讲解因美纳测序仪的工作原理，使我们坚定了信心并做出购买 100 多台因美纳测序仪的惊人之举。历史已经证明，如果我们当时买任何别的测序仪，那就死定了！

滴水之恩，当涌泉相报。鲍勃，我们怎么才能报答您的指导和帮助呢？

代表论文

Mouse Genome Sequencing Consortium. 2002. Initial sequencing and analysis of the mouse genome. *Nature*, 420 (6915) : 560-562.

Human Genome Structural Variation Working Group. 2007. Completing the map of human genetic variation. *Nature*, 447 (7141) : 161-165.

罗伯特·沃特斯顿

鲍勃（罗伯特·沃特斯顿）是秀丽隐杆线虫研究领域的领军人物，同时也是基因组学的创始人之一。1972年，他在芝加哥获得医学博士学位之后，前往英国医学研究理事会分子生物学实验室，成为悉尼·布伦纳研究团队的一名博士后研究员。1976年，他在圣路易斯华盛顿大学成立了他自己的实验室。在这里，他亲自鉴定了许多与秀丽隐杆线虫肌肉结构、功能和组装等生物学结构和过程有关的基因，逐渐成为分子遗传分析领域的先锋。他与当时的其他科学家一样，发现用单个基因克隆进行分析是项非常繁重的工作。为了加速研究进程，他在1985年的假期前往位于剑桥大学的医学研究理事会分子生物学实验室进行访问的时候，加入了绘制秀丽隐杆线虫物理图谱的新团队。访问结束后，他从隔壁实验室的梅纳德·奥尔森那里学到了酵母人工染色体技术，制备了可以在短期内完成秀丽隐杆线虫图谱的优质DNA文库。那时，分子生物学实验室和圣路易斯华盛顿大学展开了全面合作，携手为解读秀丽隐杆线虫的基因组序列问题而努力，随后一起加入了人类基因组计划。除在人类基因组测序工作中发挥重要作用外，他的小组还协调了基于细菌人工染色体的物理图谱工作，为参考序列提供了框架，并确保了其完整性和连贯性。值得一提的是，有一段时间，人类基因组计划面临着可能成为私有化而谋利的风险，而在这段最为紧张的日子里，他身患重病，却从未在工作上有所松懈。他继续指挥着项目的收尾工作，直到2004年整个计划最终完成。在此过程中，他的小组负责了多条染色体的分析工作。

鲍勃开展了一些并行项目，为解读人类基因组提供了宝贵的公共资源。

在 20 世纪 90 年代早期，他利用默克公司提供的资金测定了超大规模的 cDNA 克隆的序列。之前，已有的序列由测定者据为己有，让科研的发展一度陷入瓶颈。他将测出的序列公开发表解决了这一难题。后来，他领导了包括小鼠和黑猩猩等其他基因组计划，以及人类遗传变异图谱的绘制。2002 年，他作为基因组科学研究小组的首席科学家加入了华盛顿大学。在这之后，他对基因组功能分析的兴趣日益浓厚。他比较了秀丽隐杆线虫、果蝇和人类的转录组，并领导了模式生物 DNA 元件百科全书（modENCODE）计划协作组，推动这些以及其他研究产生的多方面证据的整合，以对基因组功能做出全面描述。

他的学生以及与他有密切接触的同事都认为，他是一位伟大的科学家，是位独一无二的、无私的、不可或缺的人物。他对所负责的项目全力以赴，善于把握机遇，并愿意承担预期的风险。他总是清醒地认识到，人类基因组计划的价值在于全社会的参与和向公众的免费开放。最为重要的是，他成功地推动了相关原则的实施。真难以想象，如果没有他，人类基因组计划会是什么样子。

约翰·萨尔斯顿　撰文

詹姆斯·沃森

詹姆斯·沃森（James D. Watson）的二三事

詹姆斯·沃森先生对生命科学的"第一场革命"——DNA 双螺旋模型的创建和"第二场革命"——人类基因组计划的影响，以及他传奇的一生，使得任何对他的介绍都显得没有必要。

我第一次见到他，是 1989 年在纽黑文的第十次人类基因定位会议上，聆听他介绍人类基因组计划的报告，并与他在龙虾晚会上拍了一张合影（右下）；第二次见面是 1990 年 5 月在奥地利的萨尔茨堡，我要担任他做主讲会议的报告主持人，几位同事都明言警告我，他的讲话会"易放难收"，可最后的结果让大家放心了，他非常合作，没给我一丝难堪。也是在那里，他应允给中国领导人写一封支持中国参与人类基因组计划的信，后来他写的信比我所希望的还要好出数倍。我们在完成人类基因组草图和水稻基因组全序列之后，他都写了热情洋溢的贺信。我们去冷泉港，他还亲自给我们开车，请我们吃饭。我请他签名的他的著作，都毫不吝啬地签了几十本！

他是众所周知的华大基因自始至今的坚定支持者，对我们有求必应，特别允许我们将当时在杭州的研究所命名为"James D. Watson Institute of Genome Sciences"。还有一个小细节，因为双方的粗心，他写的是"Institute of Genome Studies"。我第二天去找他，他欣然纠正为"Genome Sciences"。当然我们绝没有辜负他的期望。后来有人报道詹姆斯是汪建（华大基因联合创始人）在晨跑时攀上的，这纯属好意的杜撰。

代表论文

Watson J D & Crick F H. 1953. A structure for deoxyribose nucleic acids. *Nature*, 171 (4356) : 737-738.

Green E D, Watson J D, Collins F S. 2015. Human Genome Project: Twenty-five years of big biology. *Nature*, 526 (7571) : 29-31.

詹姆斯·沃森

本书的读者一定都很熟悉詹姆斯·沃森。谁都知道他是谁，谁都清楚他做过什么。但是，我们可能没意识到他在人类基因组计划中所起的作用是多么深远。

本书所涉及的许多科学家对基因组的第一印象便来自阅读詹姆斯所编著的具有开创意义的《基因的分子生物学》一书。这本书的第一版是在发现 DNA 双螺旋结构仅 12 年之后发行的，从那时起詹姆斯就强调大肠杆菌紧凑的基因组与细胞生化复杂性的关系。他比当时大多数分子生物学家都更为清楚地认识到，生物学家需要尽可能多地了解影响生物化学复杂性的因素。

詹姆斯在我们现在所知的基因组学问世之前就已进入基因组领域。他在冷泉港参与了人类基因组测序的早期讨论。特别是在 1986 年，他作为国家研究理事会的重要成员参与了定量生物学研讨会，当时的委员会主席是布鲁塞·艾伯茨。定量生物学研讨会发表了 1988 年的人类基因组计划纲要。然而，詹姆斯真正参与到人类基因组计划是在 1988 年 3 月。时任国家卫生研究院院长的詹姆斯·温加登决定在院长办公室麾下建立国家人类基因组研究中心，并邀请詹姆斯来担任主任一职。了解詹姆斯的人都知道，他是这个星球上最不愿意当官的联邦官员候选人，然而他还是成了一位官员。尽管这份工作压力很大，但他在这个位置上坚持了至关重要的三年半时间。在他任职期间，他将人类基因组计划打造成最终的模样。詹姆斯并不以颇有耐心而著称，特别是当科学机会在招手之时。然而，在 1988 年，我们所需要的正是耐心，且他在这一时期内充分地展现了自己的耐心。那时还没有基因组学家，DNA 测序还在小型实验室的放射性挡板后面辐射防护罩的角落里操作，互联网仍旧处于起步阶段，预算严重不足。在这些困难面前，詹姆斯并未停住脚步。在他的不懈努力与强势领导下，那些正处于职业上升期的科学家半路出家，加入了这样一个分散的、经费不足，甚至前景不确定的领域，詹姆斯在这一进程中起到了不可或缺的作用。作为这个新生领域的掌舵者，詹姆斯以一种其他领导者都无法想象的方式完成了这一壮举，他让所有人都意识到人类基因组解序"真的很重要"！他积极寻找合适的人才来应对所有重大挑战。在 1988 年到 1992 年，他走遍各地，不停地参加各种会议，确定了人才库的规模，并招募了一位又一位人才加盟。当然，在 1992 年到 2003 年发生了很多事情，在双螺旋结构发现 50 周年之际，当时人类基因组的第一个基本上完整的、经过精心修正的序列顺利完成。人类基因组计划的成功离不开他指明的科学方向，离不开他创造的文化环境，也离不开他领导的人才团队。这本书中所描绘的团队在一定程度上正是詹姆斯·沃森所创建的。

梅纳德·奥尔森　撰文

让·魏森巴赫

让·魏森巴赫（Jean Weissenbach）的二三事

让接任法国斯特拉斯堡研究中心的主任，真可谓是受命于危难之时。我们大家都为他担心，因为前任离开得太仓促了。可是他不负众望，在人类基因组计划中使法国成为继美国、英国、日本之后的第四大贡献国。当然他所领导的 Genoscope 研究中心，还是遗传连锁图与酵母人工染色体为骨架的物理图的最大贡献者。他的英语也像好多法国同事一样，带有很重的法国口音。可他的科学见解与见识，一点也不亚于其他说英语的同事。

让在1999年买了多台当时声誉甚好、各种参数俱佳的一种测序仪，但也像后来他人的几个事例一样，让他很被动。

代表论文

Weissenbach J, et al. 1992. A second-generation linkage map of the human genome. *Nature*, 359 (6398) : 794-801.

Dib C, ... , Weissenbach J, et al. 1996. A comprehensive genetic map of the human genome based on 5,264 microsatellites. *Nature*, 380 (6570) : 152-154.

让·魏森巴赫

让·魏森巴赫是系统构建高分辨人类基因组遗传连锁图谱方面的世界领军人物，他所构建的图谱奠定了整个人类基因组序列的基础。作为斯特拉斯堡大学的分子生物学家，他意识到简单的序列重复多态性，即微卫星标记，比 1980 年首次引入遗传作图的简单序列多态性用处更大，自动化程度和效率也更高。在 20 世纪 80 年代后期，他首次在人类多态性研究中心（现为人类多态性研究中心的让·魏森巴赫基金会）将他的想法付诸实践，该中心已经积累了源自多代家庭的细胞系资源，其中有许多同族多代兄弟姐妹的细胞系最适合制作人类遗传连锁图谱。在法国肌营养不良协会的支持下，他最初的试验得以在 Généthon 扩大到实验规模。1992 年，他发表了第一张高分辨图谱，随后在 1994 年和 1996 年进一步完善了该图谱。这组图谱和其他技术制作的物理图谱使用的是相同类型的微卫星标记，最终奠定了人类基因组序列的骨架。

人类遗传连锁图谱对于定位简单遗传疾病的致病基因是必不可少的，因为它体现的是疾病表型与特定基因的 DNA 序列之间的密切联系。1997 年，他成为法国国家测序中心——Genoscope 的创始主任。Genoscope 为人类基因组计划做出了重要贡献，并一直是世界上最活跃的基因组解序中心之一，与 2003 年以后涌现出的其他基因组解序中心保持密切合作。

戴维·博特斯坦　撰文

南希·韦克斯勒

南希·韦克斯勒（Nancy S. Wexler）的二三事

我只是见过南希并没有与她深谈过。南希也是一位骁勇女将，能言善辩，语速也很快，也同让尼娜·高凯恩·伊利格一样，是一位对遗传病有特殊感情（她的家族也有遗传病患者）的科学家。她还是一位生命伦理学家，一直为人类基因组计划鸣锣开道、保驾护航。

我们大家都尊重她、热爱她。

代表论文

Gusella J F, Wexler N S, et al. 1983. A polymorphic DNA marker genetically linked to Huntington's disease. *Nature*, 306 (5940) : 234-238.

MacDonald M E, ... , Wexler N S, et al. 1993. A novel gene containing a trinucleotide repeat that is expanded and unstable on Huntington's disease chromosomes. *Cell*, 72 (6) : 971-983.

南希·韦克斯勒

"开拓者"一词生动地概括了南希·韦克斯勒在基因组学领域做出的卓越贡献。南希一直致力于从分子层面研究亨廷顿病的病因，她的不懈努力为搜寻其他基因开辟了道路，为绘制基因图谱这种创新思想奠定了基础，最终使人类基因组解序工作得以完成。

南希的开拓之旅始于 1968 年。当时，她的母亲莉奥诺被诊断出患有亨廷顿病，于是她的父亲弥尔顿创立了遗传疾病基金会（HDF）。20 世纪 80 年代中期，我第一次参加遗传疾病基金会会议，会上思想的碰撞和自由的科学交流令我惊讶不已。

在 1979 年 10 月的一次研讨会上，南希和另外几位科学家建议使用限制性片段长度多态性分析方法来定位与亨廷顿病相关的 DNA 标记。有人认为这可能需要花费数十年的时间，而且研究所需的 DNA 样本来源也是个问题。南希找到了解决的办法。她前往委内瑞拉的一个地区，那里有一个已知的世界上最大的携带亨廷顿病基因的家系。她在那里努力收集了 4000 多份血样，从而成功地在 1983 年利用限制性片段长度多态性标记将亨廷顿病基因定位到 4 号染色体的短臂上——这是第一个通过限制性片段长度多态性定位人类常染色体疾病相关基因的实例。

亨廷顿病协作研究小组的成员以为能够快速精准定位亨廷顿病致病基因，但发现分离这个基因非常具有挑战性。因此我们需要发明新的技术，同时也需要树立全新的数据分享意识。显而易见，在此过程中除非进行大量的人类基因组测序和组装，否则像这样艰苦的基因搜寻就像大海捞针。许多亨廷顿病研究人员后来成为人类基因组计划的倡导者并最终成为领导者。在 1993 年，我们终于找到了亨廷顿病致病基因。

南希也是另一个重要阵线的先驱。在 20 世纪 80 年代后期，有人担心人类基因组计划的社会影响。当时，詹姆斯·沃森作为人类基因组计划的主导者，在基因组计划的首次新闻发布会上，承诺将人类基因组计划预算的 3% 至 5% 用于研究其伦理、法律和社会影响（ELSI）。1989 年，南希同意担任伦理、法律和社会影响工作组的主席。在之后 7 年的任期中，南希在这个极具影响力的工作中发挥了关键作用。

时至今日，南希仍在努力寻找治疗亨廷顿病的方法。她坚定地倡导创新性基因组学研究和以人为本妥善地分享基因组信息。我们十分感激南希在基因组学领域做出的巨大贡献，以及她展现的不屈不挠的研究精神。

弗朗西斯·科林斯　撰文

理查德·威尔逊

理查德·威尔逊（Richard K. Wilson）的二三事

理查德是人类基因组计划的重量级人物之一。他与罗伯特·沃特斯顿密切合作，使圣路易斯中心成为全球最大的基因组中心之一，与麻省理工学院中心一起，为人类基因组计划做出了最大的贡献。理查德对人类基因组计划的贡献是多方面的。他身材高大，说话不多，一般不在任何会议上发表个人意见。他既是优秀的管理者，又是身先士卒的执行者。

人才难得！我记得理查德曾与我们几个中心合作，启动了国际家鸡基因组计划，分析第一种鸟类——家鸡（原鸡）的基因组，与华大基因分析的两种鸡（蛋用鸡、白毛乌骨鸡）基因组一起发表在《自然》杂志上，确认了鸡基因组多样性主要源于驯养之前。

代表论文

Hillier L D, ... , Wilson R K, et al. 2004. Sequence and comparative analysis of the chicken genome provide unique perspectives on vertebrate evolution. *Nature*, 432 (7018) : 695-716.

Hillier L W, ... , Wilson R K, et al. 2005. Generation and annotation of the DNA sequences of human chromosomes 2 and 4. *Nature*, 434 (7034) : 724-731.

理查德·威尔逊

理查德·威尔逊是一位著名的分子生物学家和基因组学家。在当下的基因组学时代，他为许多大规模参考基因组和资源项目的规划、执行和领导做出了贡献。理查德是俄亥俄州肯特郡人，1959 年出生，1980 年毕业于俄亥俄州迈阿密大学，获微生物学学士学位。而后，他师从布鲁塞·罗，在俄克拉荷马大学学习化学与生物化学，并于 1986 年获博士学位。在博士学习的最后一年，理查德听了勒罗伊·胡德关于 T 细胞受体（TCR）遗传学研究的讲座，遂决定去加利福尼亚理工学院的胡德实验室进行博士后研究。当时胡德实验室大约有 40 位博士后，他们都戏称自己为"小混混"。在加利福尼亚理工学院期间，理查德采用创造性的比对和测序方法确定了人类和小鼠 T 细胞受体基因位点。

1990 年，理查德加入位于圣路易斯的华盛顿大学，与鲍勃（罗伯特·沃特斯顿）合作，联合约翰·萨尔斯顿所领导的分子生物学实验室小组，着手对秀丽隐杆线虫进行基因组解序。在圣路易斯华盛顿大学，理查德不断推进对测序结果的优化，将基因组图谱的完成程度定义为"完成中图谱"，即需要不断努力提升基于克隆载体（黏粒、F 黏粒、细菌人工染色体等）的插入序列组装高质量和连续性，以便注释基因和其他基因组特征。在圣路易斯华盛顿大学任职期间，理查德积极参与了秀丽隐杆线虫、酵母、拟南芥、小鼠、黑猩猩、猩猩、鸭嘴兽、水稻、玉米的基因组解序和人类基因组计划，并主持了人类 7 号、2 号、4 号染色体，以及具有极大技术挑战性的 Y 染色体的收尾工作。

2002年，理查德担任圣路易斯华盛顿大学基因组研究所的主任。直到2016年，他努力地将研究所成功地转向全面合作。这14年里，他做了诸多努力，其中包括：2004年，理查德与哈罗德·瓦默斯合作，首次阐明表皮生长因子受体（EGFR）酪氨酸激酶结构域的特异性突变与肺腺癌患者对酪氨酸激酶抑制剂的反应之间的相关性；2008年，理查德与蒂莫西·利及我本人合作，首次用下一代测序仪和与之相应的分析范式，将肿瘤基因组和正常对照基因组进行序列分析；之后，理查德与圣犹达儿童研究医院合作，共同领导了迄今为止最大的儿科癌症基因组学项目，并参与了癌症基因组图谱（TCGA）的领导和执行工作。2016年，理查德离开圣路易斯的华盛顿大学前往俄亥俄州的哥伦布市，担任美国全国儿童医院基因组医学研究所执行主任。

伊莱恩·马尔迪斯　撰文

詹姆斯·温加登

詹姆斯·温加登（James B. Wyngaarden）的二三事

我没有见到过詹姆斯·温加登，但我一直带有这样的疑问，美国的人类基因组计划为何首先是美国能源部启动和负责的，而不是美国国家卫生研究院？紧接的问题自然是，是谁推动了这一历史性的移交？

这个问题的最好回答者是詹姆斯·沃森，而詹姆斯现在又推举了詹姆斯·温加登。是啊，历史本身就是一班人共同创造的。前人栽树，后人乘凉。谢谢詹姆斯·温加登和所有人类基因组计划的先驱！

代表论文

Wyngaarden J B, Blair A E, Hilley L. 1958. On the mechanism of overproduction of uric acid in patients with primary gout. *Journal Clinical Investigation*, 37 (4) : 579-590.

Emmerson B T & Wyngaarden J B. 1969. Purine metabolism in heterozygous carriers of hypoxanthine-guanine phospho-ribosyltransferase deficiency. *Science*, 166 (3912) : 1533-1535.

詹姆斯·温加登

詹姆斯·温加登后来回忆道，1987年初，我曾直接闯入他在美国国家卫生研究院的办公室，"指责"他没有积极推进国家卫生研究院实施人类基因组计划。那时，美国能源部的人类健康与环境研究项目拥有更好的研究方案和充足的研究资金，在干劲十足的查尔斯·德利西的领导之下，在人类基因组研究方面抢占了先机。而令我感到震惊的是，作为联邦机构中主管生物医学研究的国家卫生研究院似乎没有兴趣履行他们将医学实践进行转化的职责。尽管当时在我看来，他在此事上的确不够积极，但他确实也是人类基因组计划的坚定倡议者，如果没有他的外交和政治能力，人类基因组计划在初期推进过程中将举步维艰。

詹姆斯面对的第一道障碍是如何协调不同机构的负责人进行合作。尽管他大力推进，但许多其他机构的负责人对此并不热衷。他们担心这个看起来更像是个浩大的物理学工程的计划会瓜分掉自己的项目组预算，这也有悖于国家卫生研究院资助研究员进行独立研究的传统，他耗费两年时间最终化解了这些分歧。

人类基因组计划成功的关键因素在于得到了两家机构的支持，其一是美国国家科学院选出的由布鲁塞·艾伯特担任主席的国家研究理事会（NRC）蓝带委员会，他们确保了对人类基因组计划的价值的官方认可；其二是国家卫生研究院内部支持人类基因组计划的科学家所成立的特别顾问委员会。1988年春季，戴维·巴尔的摩在自己作主席主持的莱斯顿会议上也对詹姆斯的计划表示支持，尤其支持在国家卫生研究院院长办公室框架内成立人类基因组研究办公室。

詹姆斯还需要为项目找到资金支持。1987年初，他所在的美国众议院拨款委员会在会议上为该项目提供证词，此后，戴维和我本人也曾先后作证。因此，1988年，该项目获批1700万美元的资助。截至1990年，获批资助总额达到了1亿美元。这足够让他将人类基因组研究"办公室"升级成"中心"，他授权我来分配项目基金。

詹姆斯还有个任务是指定人类基因组计划的负责人。我在莱斯顿会议上曾强烈要求整个项目应该由一位科学家来领导，不过当时我没意识到这个提议或有毛遂自荐之嫌。但在1988年5月，当他真的要求我担当这个职责时，我欣然接受。因为我知道，这是最好的转型机会，我能够将自己的科学生涯从研究双螺旋结构的碱基配对转向人类基因组领域。

1989年7月31日，在我还没来得及做出让他眼前一亮的成绩时，他卸任了。1988年10月，在宣布我就任的新闻记者招待会上，我曾承诺将人类基因组计划预算的3%至5%用于伦理、法律和社会问题研究。这不是一个正常联邦雇员会做的事，即便兼职雇员可能都不会这样干。然而，当时詹姆斯力排众议采纳了这个建议，很快我们也证明了这是一个明智的决定。如今回顾，我们都应当对詹姆斯心怀敬意，感谢他一直坚定地支持人类基因组计划。

詹姆斯·沃森　撰文

杨焕明

杨焕明[Huanming (Henry) Yang]的二三事

在这么多位巨人之中，我的身材和见识当然都是最小、最少的。

三生有幸，我居然有机会置身于他们之中，有机会接受他们的言传身教，耳濡目染之中学到了很多的东西：科学、为人、伦理、责任。这一切改变了我和很多人的人生。

"一日为师，终身为父"，还是改为"终身为师"更妥！真的，至少人类基因组计划中国卷的所有中国同事这一辈子是不会忘记你们的，我们的良师益友。

代表论文

Yu J, ... , Yang H, et al. 2002. A draft sequence of the rice genome (*Oryza sativa* L. ssp. *indica*). *Science*, 296 (5565) : 79-92.

Li R, ... , Yang H, et al. 2010. The sequence and *de novo* assembly of the giant panda genome. *Nature*, 463 (7279) : 311-317.

杨焕明

杨焕明常被朋友们亲切地称为亨利（Henry）。1952年出生在中国东南部的浙江省温州市。焕明在丹麦哥本哈根大学攻读博士学位时，便对基因组测序产生了浓厚的兴趣。随后，他又在法国和美国从事博士后研究，然后回到了中国。1999年，他成为世界上最大的测序中心之一——华大基因的联合创始人。

焕明是中国科学院院士，还是美国、印度、德国国家科学院院士，以及丹麦皇家科学院的外籍院士，同时还是欧洲分子生物学组织成员和发展中国家科学院（TWAS）院士。

我第一次见到他是在1999年8月英国辛克斯顿的惠康基因组园区，当时我是那里的负责人，我们正在举办第五次人类基因组计划国际战略会议，焕明慷慨激昂的发言打动了所有与会者。随后，中国被接纳加入了人类基因组计划，是其中唯一的发展中国家。

据焕明回忆，他当时深深地被桑格研究所"人类基因组，是买，还是免费分享"这一提法所打动。正因如此，他在担任联合国教育、科学及文化组织国际生命伦理委员会（UNESCO-IBC）成员之时，决心说服联合国教育、科学及文化组织支持"百慕大原则"。由于焕明的不懈努力，该组织于2000年5月发布了此类声明，随后在联合国大会上再获支持。

2001年8月，第十次人类基因组计划国际战略会议在中国杭州举行，地点正是1972年尼克松总统和周恩来总理历史性会晤之处。时任中国国家主席的江泽民在北京接见了所有代表团成员，江泽民重申了由华大基因所提出的原则，即人类基因组计划应当"共有、共为、共享"。

而今总部位于深圳的华大基因，是世界上最大的基因组学研究中心之一，有 6000 多名员工，平均年龄不到 30 岁。华大基因成就斐然：为人类基因组参考序列做出了 1% 的贡献；完成了首个亚洲人全基因组序列图；完成了国际人类基因组单体型图计划 10% 的任务；是国际千人基因组计划的重要测序中心；完成了水稻、黄瓜、蚕豆、高粱等植物基因组序列，以及家蚕、蜜蜂、北极熊和大熊猫等动物基因组序列的解序工作。截至 2016 年，华大基因对 40 多种动植物基因组和 1000 多种微生物基因组进行了解序。

焕明一直致力于推进国际合作。华大基因已和全世界超过 1 万所大学和机构建立了合作关系。焕明做过数百场报告，写过很多科普书籍，他的工作重心已从"大科学"转移到"大教育"。

焕明热情好客，他的朋友遍天下。他牢记"一日为师，终生为师（父）"（译者注）的中国谚语。对于所有曾经给过他指引和教诲的人，他始终满怀敬意。

迈克尔·摩根　撰文

缩 写 表

AAAS	American Association for the Advancement of Science	美国科学促进会
ABI	Applied Biosystems, Inc.	应用生物系统公司（美国）
AFM	French Muscular Dystrophy Association	法国肌营养不良协会
AGBT	Advances in Genome Biology and Technology	基因组生物学和技术进展（大会）
ASHG	American Society of Human Genetics	美国人类遗传学会
BAC	bacterial artificial chromosome	细菌人工染色体
BAM	binary alignment	二进制比对
BDGP	Berkeley *Drosophila* Genome Project	伯克利果蝇基因组计划
BLAST	Basic Local Alignment Search Tool	局部比对算法工具
BWA	Burrows–Wheeler Aligner	伯罗斯-惠勒比对（软件）
cDNA	complementary DNA	互补 DNA
CEPH	Centre d'Étude du Polymorphisme Humain	人类多态性研究中心（法国）
CF	cystic fibrosis	囊性纤维化
CHOP	Children's Hospital of Philadelphia	费城儿童医院（美国）
CPU	central processing unit	中央处理器（单元）
CSHL	Cold Spring Harbor Laboratory	冷泉港实验室（美国）
DMD	duchenne muscular dystrophy	进行性假肥大性肌营养不良
DNA	deoxyribonucleic acid	脱氧核糖核酸
DOE	Department of Energy	能源部（美国）
EBI	European Bioinformatics Institute	欧洲生物信息学研究所
EGFR	epidermal growth factor receptor	表皮生长因子受体
ELSI	ethical, legal and social implications	伦理、法律和社会影响
EMBL	European Molecular Biology Laboratory	欧洲分子生物学实验室

EMBO	European Molecular Biology Organization	欧洲分子生物学组织
ENCODE	ENCyclopedia of DNA Elements	DNA 元件百科全书（计划）
EST	expressed sequence tag	表达序列标签
FASTA	FAST-All or Fast Alignment Search Tool FASTA-all	比对搜索工具
GA4GH	Global Alliance for Genomics and Health	全球基因组学和健康协作组
G1K	International 1000 Genomes Project	国际千人基因组计划
GBF	German Research Centre for Biotechnology	德国生物技术研究中心
GSC	Genome Sequencing Center	基因组测序中心（美国）
H3Africa	Human Heredity and Health in Africa	非洲人类遗传和健康（计划）
HapMap	International HapMap (Haplotype Map of the Human Genome) Project	国际人类基因组单体型图计划
HD	Huntington's disease	亨廷顿病
HDF	Hereditary Disease Foundation	遗传疾病基金会（美国）
HGP	Human Genome Project	人类基因组计划
HHMI	Howard Hughes Medical Institute	霍华德·休斯医学研究所（美国）
HLA	human leukocyte antigen	人类白细胞抗原
HMMER	Hidden Markov models for protein and nucleic acid alignment and matching	基于隐马尔科夫模型的蛋白质和核酸序列比对
HUGO	Human Genome Organisation	人类基因组组织
HPRT	hypoxanthine phosphoribosyl transferase	次黄嘌呤磷酸核糖基转移酶
HZI	Helmholtz Centre for Infection Research	亥姆霍兹传染病研究中心（德国）
ICG	International Conference on Genomics	国际基因组学大会
ICGC	International Cancer Genome Consortium	国际癌症基因组协作组
IGS	Institute for Genome Sciences	基因组科学研究所（美国）
ISCB	International Society for Computational Biology	国际计算生物学会
JGI	Joint Genome Institute	联合基因组研究所（美国能源部）
KEGG	Kyoto Encyclopedia of Genes and Genomes	京都基因与基因组百科全书数据库（日本）

LBNL	Lawrence Berkeley National Laboratory	劳伦斯·伯克利国家实验室（美国）
LMB	Laboratory of Molecular Biology	分子生物学实验室（英国）
MIT	Massachusetts Institute of Technology	麻省理工学院（美国）
modENCODE	Model Organism ENCyclopedia of DNA Elements	模式生物DNA元件百科全书（计划）
MRC	Medical Research Council	医学研究理事会（英国）
mRNA	messenger RNA	信使RNA
NCBI	National Center for Biotechnology Information	国家生物技术信息中心（美国）
NCHGR	National Center for Human Genome Research	国家人类基因组研究中心（美国）
NCI	National Cancer Institute	国家癌症研究所（美国）
NCI-CGAP	National Cancer Institute-Cancer Genome Anatomy Project	国家癌症研究所癌症基因组剖析计划（美国）
NGS	next generation sequencing	下一代测序
NHGRI	National Human Genome Research Institute	国家人类基因组研究所（美国）
NIGMS	National Institute of General Medical Sciences	国家综合医学研究所（美国）
NIH	National Institutes of Health	国家卫生研究院（美国）
NINDS	National Institutes of Neurological Disorders and Stroke	国家神经疾病和中风研究所（美国）
NIAAA	National Institute on Alcohol Abuse and Alcoholism	国家酗酒与酒精成瘾性研究所（美国）
NRC	National Research Council	国家研究理事会（美国）
OHER	Office of Health and Environmental Research	健康与环境研究办公室（美国）
OHGR	Office of Human Genome Research	人类基因组研究办公室（美国）
OICR	Ontario Institute for Cancer Research	安大略癌症研究所（加拿大）
OU	University of Oklahoma	俄克拉荷马大学（美国）
PBI	Pacific Biosciences, Inc.	太平洋生物科学公司（美国）
PCR	polymerase chain reaction	聚合酶链反应

PCAWG	PanCancer Analysis of Whole Genomes	泛癌全基因组分析
RFLP	restriction fragment length polymorphism	限制性片段长度多态性
RNA	ribonucleic acid	核糖核酸
SBS	sequencing by synthesis	双脱氧末端终止法测序，边合成边测序
SNP	single-nucleotide polymorphism	单核苷酸多态性
STS	sequence-tagged site	序列标签位点
TCGA	The Cancer Genome Atlas	癌症基因组图谱（美国）
TCR	T-cell receptor	T细胞受体
TGAC	The Genome Analysis Centre	基因组分析中心（英国）
TIGR	The Institute for Genomic Research	基因组研究所（美国）
TWAS	The World Academy of Sciences	发展中国家科学院
UC Davis	University of California, Davis	加利福尼亚大学戴维斯分校（美国）
UCSC	University of California, Santa Cruz	加利福尼亚大学圣克鲁兹分校（美国）
UK10K	10 000 United Kingdom Genome Sequences	英国万人基因组测序（计划）
UMass	University of Massachusetts	马萨诸塞大学（美国）
UNESCO	United Nations Educational, Scientific and Cultural Organization	联合国教育、科学及文化组织
UNESCO-IBC	United Nations Educational, Scientific and Cultural Organization-International Bioethics Committee	联合国教育、科学及文化组织国际生命伦理委员会
VAX	virtual address extension	虚拟扩展网址
VCF	variant cell format	一种记录遗传变异的数据格式
WashU	Washington University	华盛顿大学（美国）
WSBS	Watson School of Biological Sciences	沃森生命科学学院
YAC	yeast artificial chromosome	酵母人工染色体
YAC-STS	yeast artificial chromosome-sequence tagged site	酵母人工染色体-序列标签位点

英文版致谢

我们衷心感谢冷泉港实验室出版社、图书馆和档案馆的所有工作人员，是他们的努力保证了这本书及时出版。我们还要特别感谢凯西·布贝奥承担了烦琐的事务，经常需要同时跟进好几篇稿子，并总是引导我们分清轻重缓急；感谢丹尼丝·韦斯赏心悦目的版面设计；感谢伊内兹·西亚利亚诺及时收集稿件；感谢卡洛·布朗收集了所有必要的许可授权；感谢斯蒂芬妮·萨塔利诺将整本书的人物小传和素描整理得井井有条；感谢汤姆·亚当斯对所有肖像的数字化处理；同时感谢冷泉港实验室出版社执行主任约翰·英格利斯的支持和指导。

中文版致谢

感谢参与本书翻译和校对的（以汉语姓氏拼音为序）艾宜岑、包博侃、陈邦维、陈洁、陈娟娟、陈凌云、陈婷婷、邓建莲、丁仁鹏、冯小黎、胡佳贝、黄翔、姬敬开、蒋晓森、金皓玄、李海盟、李建霖、李敏、李思潼、李杏、李展、林鹏、刘致恒、罗礼华、麦丝绮、穆嘉华、饶伟、陶应东、田娟、王奇、王长政、王晓玲、王子斐、吴靓、吴钦锴、夏志、谢伟伟、谢晓军、徐宁、徐枣旭、阳梦如、杨嘉梓、杨静静、杨旸、叶浩东、袁月、张慧、赵潇、赵小莹、郑甜语、周飚烽、周郁文，以及支持他们的家人和朋友。